静かな働き方

The Good Enough Job

時間を取り戻す

Reclaiming Life from Work

日本経済新聞出版

仕事を超えた生き方を
示してくれる両親に捧ぐ

目次

プロローグ
――いつから、仕事は働くこと以上になったんだろう

第1章
さらば、仕事中心の生活
――仕事で何かを成し遂げる必要はあるのか？

第6章 さらば、時間あたりの生産性
――長く働けば成果に近づけるのか？

第7章

さらば、おいしい残業特典
――どうして遅く帰るほうが得をするの？

第8章

さらば、出世競争
――肩書きは本当に成功の証だろうか？

Illustrations by Katy Hill

プロローグ——いつから、仕事は働くこと以上になったんだろう

足るを知る者は富む　老子

小さな漁村を訪れたとある実業家は、釣ったばかりの魚を携えて歩く漁師と出会った。活きのよい魚を見て、釣るのにどのくらいの時間がかかったのかと実業家は尋ねる。

「そんなにかかっていないよ」と漁師は言った。

「ならもっとここにいて、たくさん釣ろうとは思わないんですか？」と実業家は聞く。

「これで十分だからね」

「すると、ほかの時間は何をしているんです？」

「遅くまで寝て、魚を少し釣って、子どもたちと遊んで、妻と昼寝をして、夜は町に行って仲間たちとワインを飲みながらギターを弾いているよ」と漁師は話す。

実業家は驚いた。そして自分はMBA（経営学修士）を持っており、アドバイス通りにす

れば漁師の事業を大きくできると説いた。「船を大きくできますよ」と実業家は言う。「増えた売上で自前の缶詰工場をつくれます」

「それで?」と漁師。

「そしたら都会に行って、流通センターを開きましょう」

「そのあとは?」

「事業を海外展開して、いずれは会社を上場させます」と実業家。「タイミングを見て株式を売れば、とびっきりのお金持ちになれますよ!」

「そのあとは?」

「そうしたら引退して、小さな漁村に移住し、遅くまで寝て、魚を少し釣って、子どもたちと遊んで、妻と昼寝をして、夜は町に行って仲間たちとワインを飲みながらギターを弾く生活が送れますよ」

漁師は微笑み、去ってしまう——。

仕事は単なる作業から自己実現の手段に進化した

漁師の話は僕にとっては、すごく印象に残っているストーリーだ。1963年のドイツの短編小説[1]をアレンジしたもので、刊行以来多くの言語に翻訳されている。とはいえ、くだんの実業家の「仕事がすべて」という価値観には米国らしさを感じてならない。米国にスローガンがあるなら、それはきっと「我は価値を生み出す、ゆえに我あり」だ。

米国人は初対面の人と出会うと「普段は何をしているんですか？」と聞く。一度、ホステルで出会ったチリ人にこの質問をしたときのことをよく覚えている。「つまり、仕事は何をしているかってこと？」と、彼はまるで銀行口座の残高を尋ねられたかのような顔をした。

もちろん、人は日々さまざまなことをしている。しかし、どのようにしてお金を稼いでいるかは、僕たちが何者であるかを簡潔に説明する手段になっている。生計がそのまんま、その人の人生を表しているのだ。

ピュー・リサーチ・センターが「人生に意味をもたらすこと」[2]について米国人を対象にアンケート調査を実施したところ、回答者は「配偶者」よりもほぼ2倍の確率で「キャリア」を挙げていた。[3]信仰や友情よりも仕事が生きがいとして認識されているということだ。別の調査では、95パーセントの米国のティーンエイジャー（そう、10代の若者でさえ！）が、キャリアを築くことや自分にとって有意義な仕事に就くことは、「社会人として極めて重要、あるいは非常に重要」と考えていた。[4]

充実したキャリアは、収入を得ることや困っている人たちを助けるといったほかのすべての項目よりも高く評価されていたのである。もちろん、こうした仕事への執着は米国特有のものではない。ますますグローバル化する現代社会において、忙しさに国境はない。米国の労働文化と経営方針は、ビッグマックやリーバイスのジーンズに並ぶ文化的な輸出品である。海外の読者は、米国人の仕事との関係性やトレンドが、他の国にも波及していることを知っているだろう。高収入を得ている人たちの間では特に顕著だ。

ホワイトカラーの労働者にとって仕事は宗教的なアイデンティティに近いものとなっている。仕事は給料だけでなく、人生の意味や目的、コミュニティへの帰属意識をもたらすものとなっているのだ[5]。

ジャーナリストのデレク・トンプソンはこの現象を「ワーキズム（workism＝仕事主義）」と名付けた[6]。そして敬虔《けいけん》な信者が信仰に人生の意味を見出すのと同じように、ワーキスト（仕事主義者）は仕事に人生の意味を見出そうとしている。トンプソンによれば、20世紀を通じて仕事は単なる作業からステータス、そして自己実現の手段へと進化した。

僕の家族の歴史もこのことを裏付けている。イタリア人の祖母は、仕事がアイデンティティとは考えていなかった。彼女は夫である祖父が早くに亡くなったので、5人の子どもたちを育てるために必要に迫られて働いた。ブーツの形をしたイタリアのかかとの部分にあたる小さな町でカフェを開き、30年間切り盛りした。エスプレッソマシンのレバーを数えきれないほど引き下げた彼女の二の腕は亡くなるときまでしっかりしていた。

祖母のアイデンティティは明確だった。彼女は熱心なカトリック信者だった。母親、祖母、姉妹であり、手作りパスタ職人でもある。祖母はカフェでの仕事を楽しんでいた。愛していたとさえ言える。しかし、その仕事は彼女を定義するものではなかったのだ。

僕の母は、彼女の兄弟姉妹が今も住んでいるイタリアの町で生まれ育った。もし母がお決まりの道を辿《たど》っていたなら地元の大学に通い、実家から徒歩圏内の家を購入して、午後1時頃には家族と一緒にオレッキエッテ（イタリアのパスタを使った家庭料理）を食べる生活を送っていただろう。母の故郷では店やオフィスは午後にリポーソ（休憩）を取る。働き手が家事や食事、休息など仕事以外のことをするための時間だ。

しかし、母はローマで勉強するために奨学金をもらい、スイスでの休暇中のパーティーで素敵な米国人の男性と出会ってサンフランシスコへと引っ越した。彼女は経済的な安定のためだけではなく、個人的な関心から大学院に進んで心理学を学んだ。彼女も仕事は好きだが、あくまで生計を立てる手段として捉えている。彼女にとって仕事はファーマーズマーケットで昔ながらの品種のトマトを買ったり、イタリアに毎夏帰省したり、息子の教育を充実させたりするためのものだった。

僕の父も心理学者であり、家族の中では最も仕事主義者《ワーキスト》に近い。熱心に取り組んでいる仕事について父に一度、尋ねたことがある。すると「仕事は一種の慈善活動だと思っている」と話していた。「仕事は私が社会に還元する方法なんだ」

父はカウンセリングの患者の名前をしっかり覚えていられるうちは仕事を続けるつもりでいる。パンデミックのロックダウンの間も職場にはなるべく顔を出していた。

僕の家族の歴史は、この本の3つの中心的なテーマとつながっている。それは、次の3つだ。

- **ワーキズムは米国的なものではあるが、他の国でも起きている**
- **ワーキズムは特に特権階級の間で広まっているが、他のコミュニティにも見られる**
- **ワーキズムは比較的新しい現象で、祖父母の世代よりも僕たちの世代で一般的になっている**

ワーキズムは、お金と精神の充足という2つの異なるものを仕事に求める思想だ。この2つの方向性は必ずしも一致するものではない。[7] それでも人々はどちらも満たしてくれることを仕事に求めるようになっている。

いきなり家族の歴史を語ったのは、読者に僕のことを知ってもらいたかったからでもある。

僕の名前はシモーヌ。仕事主義者だ。

ただし、そこから脱却しつつある。幼い頃はジャーナリスト、デザイナー、弁護士、外交官、詩人、プロ野球チーム「サンフランシスコ・ジャイアンツ」の遊撃手になりたいと夢見てきた。そしてキャリアではソウルメイトとなる仕事、つまり、ただ生計を立てるだけでなく、自分らしさを存分に発揮できる仕事を探し求めてきた。

ただし、これは僕の回想録じゃない。本の主題は僕の人生と密接に関わるものだが、本書では仕事が自分にとってアイデンティティになっていることだけでなく、他の多くの人たちにとってもアイデンティティになった理由を探求したいと考えている。そのためにマンハッタンの企業弁護士からアラスカのカヤックのガイド、コペンハーゲンの専業主婦や主夫、カリフォルニアのファストフード店の従業員まで、１００人以上の働く人々から話を聞いた。本書ではそのうちの9人を紹介する。

僕が主に米国のホワイトカラーの労働者の話に焦点を当てたのには2つの理由がある。

ひとつは米国全土で、歴史にも道理にも逆行する現象が起きているからだ。過去を振り返ると、富と労働時間は反比例するものだった。裕福であればあるほど働く時間は短くなった。当然、お金があれば働かなくて済むからだ。ところが、過去50年における労働時間の増加の大部分を担っているのは高所得層である。[8]つまり、さほど働く必要がない人たちがそれまで以上に働いているのだ。

ホワイトカラーの労働者に焦点を当てたもうひとつの理由は、彼らの多くは仕事にやりがいとアイデンティティを求めているからである。これは世界中の高所得層に当てはまる。スウェーデンから韓国まで、[9]低所得者や非大卒の人たちよりも裕福で教育を受けた人の方が約2倍の割合で、やりがいのある活動に「仕事」を挙げる。理由はいろいろ考えられるが、高所得層は信仰など、生活にいきがいを見出せる他の活動が少ないことがひとつの要因だ。

世界の労働文化を見ると、さも仕事が人生の中心的な要素かのように思える。だが、大半の労働者は自己実現のためではなく生活のために働いている。「好きなことを仕事にしてる人は恵まれてるんだよ」と、話を聞いたひとりで18年間同じパキスタン料理店に勤めているシェフのハムザ・タスキームは言う。

「俺は、ただ生きるために働いている」

とはいえ、この国の「労働主義《ワーキズム》」に呑まれないでいられる人の方が稀《まれ》だ。どの社会階層の人であろうと、話を聞いたほぼすべての人が、自己評価と仕事が密接に結びついている国で生きることの息苦しさを感じていた。

米国において「資本主義」は経済の仕組みを意味するだけではなく、社会哲学にもなっている。人間の価値はその人の仕事の成果に比例するという信念が根付いているのだ。生産性は評価基準のひとつに過ぎないはずなのに、善良な行いの指標にもなっているのである。

未来は労働時間が短くなるはずだったのに

今の米国に蔓延している「労働主義」を理解するために、少し過去を振り返ってみたい。200年前、ほとんどの人はキャリアなんてものとは無縁だった。少なくともそれが個人の変化や成長と関連するものとは考えられてはいなかった。

昔の米国民の多くはその親や祖父母と同じく農民《ファーマー》だった。そして農民の労働時間は上司や予定管理表ではなく、太陽の動きで決まった。仕事の忙しさは季節と連動する。収穫期は忙しく、冬期は空き時間が増える。しかし、産業革命によって生産性が季節や日照時間に制限されない時代がやってきた。19世紀半ばになる頃には、工場の労働者は1週間に6日または7日、1日10時間から12時間働くようになったのである。

今でこそ「9時5時」は通常の勤務時間と同義になっているが、1日8時間、週40時間労働、週休2日といった働き方は最初から当たり前のものではなかった。この条件を勝ち取るために労働組合が激しく闘ったのだ。

「8時間は労働、8時間は休息、8時間はやりたいことのために」は、1886年にシカゴで開催された初のメーデー（労働者の祝日）で掲げられたスローガンである。以来、人々がどのように、いつ、なぜ働くかについては標準化が進められてきたが、どれも自然に決まったのではない。それらは交渉によって定められたものであり、再び交渉によって変えることができるものなのだ。

労働の少ない社会は、米国人の理想として度々語られている。[10] 経済学者のジョン・メイナード・ケインズが1930年に発表した論文「わが孫たちの経済的可能性」は有名だ。2030年までに人々の労働時間は週15時間になり、21世紀における最も重要な問いは余暇をどのように過ごすかになるとケインズは考えていた。

比較的最近の人でさえ同じことを考えている。1965年に米国議会では、週20時間労働が当たり前の時代が間近に迫っているとして、その影響について長い時間をかけて議論がなされた。[11]

2000年の米国人は今まで以上に頻繁に休暇を取るようになり、旅行の増加に対応するため、国のインフラを全面的に改修しなければならないと心配していたのである。残念ながら、週休5日や自由時間がたくさんある時代はまだやってきていない。

もちろん、労働組合の働きかけと技術進歩による生産性の向上で、20世紀の大部分において平均的な米国人の労働時間は短くなった。しかし、20世紀の終わり頃になると他の先進国の労働時間は減っているのに対し、一部の米国人の労働時間は延び始めたのである。1975年には、米国人とドイツ人の平均労働時間はぴったり一緒だった。[12] しかし、2021年の統計では、米国人はドイツ人より30パーセント以上も長く働いている。[13]

米国人の労働時間の延長に寄与したとされる有力な要因がいくつかある。まずは経済的な要因だ。賃金が停滞し、同じものを買うにも以前より働かなければならなくなった。次に政治的な要因がある。1950年代、労働者のうち3人に1人は労働組合に所属していたが、2021年には10人に1人に減少している。[14] つまり、労働者はより有利な労働条件を要求できる交渉の仕組みを活用できなくなっているのだ。イデオロギーに関わる要因もある。そもそも米国の成り立ちには、労働を賛美する「資本主義」と「プロテスタントの労働倫理」が深く関わっている。[15]

さらに米国ではこの数十年間で、こうした要因をすべて増幅させる文化的な変化も起きている。仕事は充実感といきがいの源泉であるという考えが広まったのだ。これは米国の新しい労働倫理と呼べるかもしれない。

この思想によって何百万人という人々の仕事との関係性が変わっている。仕事を異なる役割や産業、階層の人と協力してこなす労働と捉えるのではなく、多くのホワイトカラーの労働者は仕事を自己実現の手段やアイデンティティとして捉えるようになったのだ。社会学者のジェイミー・K・マッカラムは著作『Worked Over: How Round-the-Clock Work Is Killing the American Dream（働き過ぎ：いかに長時間労働がアメリカンドリームを壊しているか）』（未訳）の中で、「仕事が嫌なものだったときは、少なければ少ないほどよかった。しかし、仕事が意味あるものになった今では、多ければ多いほどよくなっている」と書いている。[16]

過労死はマラリアによる死者数よりも多い

本書の原題「ほどよい仕事（The Good Enough Job）」は、「ほどよい育児」という考えにちなんでいる。

これは英国の精神分析家で小児科医であるドナルド・ウッズ・ウィニコットが1950年代に提唱した理論だ。ウィニコットは人々の育児に対する理想が高すぎると感じていた。親は赤ちゃんが一切の不快を感じないよう、すべてに対処する完璧な親になろうとしていて、その結果、赤ちゃんが1回でもネガティブな反応を示しただけで、ひどく狼狽《ろうばい》してしまうのである。

だから完璧な対応よりも、ほどほどな世話の方が親と子のどちらにとっても有益だとウィニコットは考えた。そして完璧な親とは対照的に「ほどよい親」は子の世話はするが、子が完璧ではない現実を受け入れるための余白も残す。その結果、子はレジリエンス（逆境に対する適応力）を身に付け、親も子の感情に過剰に振り回されなくなるのだ。

現代において仕事への期待はどんどん膨らんでいる。かくいう僕も、WeWorkで「愛することを仕事にしよう」と書かれたマグカップを片手にこの文章を書いている。非常に長い時間働くことを考えれば、職業選択は（少なくとも選べる余裕がある人にとっては）きわめて重要な決断だ。人生のパートナーを選ぶのと同じくらい覚悟を持ってキャリアを追求しようと考えるはずである。

しかし、結論から言うと、常に満足感を与えてくれることを仕事に期待することには失望が伴う。「仕事への傾倒」は、燃え尽き症候群や仕事関連のストレスにつながることが調査によって明らかになっている。[17] また、仕事を中心とした生活スタイルが定着している日本のような国では、それが史上最低の出生率の要因にもなっている。[18] 米国でも職業的な成功への過剰な期待が、若者の間でうつ病や不安障害の発生率が過去最高水準に達した一因となっている。[19] 世界的に見ると過労に関連した死者数はマラリアによる死者数よりも多い。[20]

こうした調査がなくとも、過剰な期待が失望の原因になることを人々は直感的に理解している。やる気と満足感を得られ自己実現につながる仕事を期待している場合、期待にそぐわない仕事で妥協することは「失敗」のように感じられる。しかし、仕事というのは赤ちゃん同様、常にコントロールできるものではない。自己評価とキャリアを結びつけるのは危険なのだ。

かといって、これは仕事をないがしろにすれば解決できる単純な問題でもない。多くの人は人生の3分の1、およそ8万時間を仕事に費やす。その時間をどのように過ごすかが重要なのは間違いない。だからこそ、やりがいのある仕事を追求することと、仕事に人生のすべてを支配されるリスクとのバランスをどのように取るかが大事なのである。

解決のヒントを得るためにもう一度ウィニコット博士の知恵を借りよう。「完璧（perfection）」と比べると、「ほどよい（good enough）」は手の届く理想像だ。「ほどよい」は仕事で得られるものを美化することもなければ、仕事を絶え間ない苦行であるとするものでもない。「ほどよい」は、あなたなりの「足るを知る」ことを勧めている。あなたの価値は仕事で決まるのではなく、人生における仕事の役割はあなた自身で決められるということを示しているのだ。

大好きな詩人からの予想外の言葉

大学4年生のとき、僕は大好きな作家で詩人のアニス・モイガニにインタビューする機会に恵まれた。当時、モイガニはポエトリー・リーディング（詩の朗読）の全国大会で2年連続で優勝し、キャリアの絶頂にあった。モイガニは僕が初めて出会った執筆とパフォーマンスで生計を立てていた人でもある。彼は世界中を旅して大学で講演をしたり、ミュージシャンの前座を務めたりしていた。僕にとっては職業上のロールモデルであり、韻《ライム》の世界のロックスターだった。当時22歳で詩を学んでいた僕は、社会という未知の世界に旅立とうとしていた。そして「やりたいことを探せ」といった背中を押すようなアドバイスをしてくれることを彼に期待していた。しかし、彼の考えは違った。

「愛することを仕事にすれば、1日足りとも働かずに済む」という言葉についてどう思うかと尋ねたとき、彼は僕の心に永遠に刻まれることを言った。

「仕事はどうやったって仕事だ。一部の人は好きなことを仕事にしている。仕事以外の時間に好きなことができるよう働いている人もいる。どちらがより貴いということはないよ」

最後のひと言は僕を強く揺さぶった。それまでの僕は自分にぴったりの仕事を見つけることこそ人生最大の使命だと信じて疑っていなかったのだ。

「日々をどのように過ごすかは、人生をどのように過ごすかである」とは、作家アニー・ディラードの有名な言葉である。

選んだ仕事とは、その人が日々何をするかだけでなく、その人が何者であるかを定義するという意味だと僕は思っていた。それなのに、僕が尊敬する職業上のロールモデル、少なくとも詩を生業にしている人は、仕事は生活費を稼ぐための手段でも構わないと言う。

しかも、ディラードのよく引用されるこの一文は、しゃかりきになって働く文化や、理想の仕事を絶えず追い求めることを正当化するためのものではないことを最近知った。文章の続きを読むと、ディラードの伝えたいことはむしろ逆であることがわかる。「この1時間の過ごし方は、私たちの生き方である」と続く。[21]「精神を充足させるのに必要なものはだんだんと減っていく。時間は十分にあり、その過ぎゆく様は甘美である」。この言葉は会社での昇進ではなく、今この瞬間を楽しむことを呼びかけるものだったのだ。

仕事に生活を乗っ取られると、人生の他の要素が隅に追いやられてしまう。心理療法士のエステル・ペレルは、「多くの人は自分のとっておきの部分を仕事で使い、家に持ち帰るのは出がらしの部分だ」と言った。[22]

すべてのエネルギーを仕事に注ぎ込むと、自分の中に存在する配偶者、親、兄弟姉妹、隣人、友人、市民、アーティスト、旅人といった他のアイデンティティを育む余力がなくなってしまう。投資家が投資先を多様に分散させることで利益を得るのと同じように、人もまたアイデンティティややりがいを感じる活動を多様に広げることから恩恵を得る。人生の意味は授けられるものではない。それぞれがつくり出すものなのだ。そして、創造的な活動には時間とエネルギーがいる。仕事以外の活動に没頭する時間と、それを実際にこなすエネルギーが必要なのだ。

あなたの価値は仕事で決まるわけではない

プロローグの締めくくりに本書の構成について説明しよう。

各章では異なる業界の人の話を取り上げる。ミシュラン星付きレストランのシェフ、ウォール街の銀行家、グーグルの駐車場に停めたトラックで寝起きするソフトウエアエンジニアなどだ。それぞれの物語を通じて、現代の労働文化に根付いている思い込みについて検証する。

例えば、「会社は家族だ」や「愛することを仕事にすれば、1日足りとも働かずに済む」といった仕事にまつわる格言の多くは、よく見るとひどく曖昧で不確かである。

この本が他のキャリア本やビジネス本と異なるのは、各章が個人の体験に重きを置いている点だ。一部の読者には申し訳ないが、「自己評価と仕事を切り離すための簡単3ステップ」や、「次の人事評価を心配しないで済む10のコツ」といったことは書かれていない。この本は教科書というよりも、あなたの写し鏡のように使ってほしい。

本書を書くことが僕にとってそうであったように、この本をあなたにとって仕事との関係を見直すきっかけにしてほしい。どの人の経験も僕自身の思い込みの正当性を問い、人生における仕事の役割を再定義する助けになった。この本を手に取ってくれたあなたにもぜひそのような体験をしてほしい。

ここで紹介する人は誰もが、仕事のやりがいと生計を立てる手段との間で均衡を見出そうとしている。[23] 歴史家のスタッズ・ターケルの言葉を借りれば、それは「日々生きるための意味と、日々生きるためのパンが手に入る仕事」の探求だ。

仕事との関係づくりは1日で終わるものではない。「1時間残業しようか」とか「休みだけどメールをチェックしようか」と頭によぎるたびに向き合わなければならない問題なのだ。この本は、仕事に充足感を求めることに反対するものでも、仕事を必要悪と断定することを強要するものでもない。仕事との関係に思い悩む人たちの話を通じて、仕事とのより健全な関係をつくるための指針を提供したいのである。

仕事とよい関係を築くことは単に仕事を辞めたり、趣味として編み物を始めたりすることで達成できるものではない。また誰もが自分の勤務時間を決めたり、仕事を好きに選んだりできるわけでもない。けれど、仕事に対する期待値だけは自分で決めることができる。

仕事を軸に生活するのではなく、生活を軸に仕事ができるはずだ。

そしてその変化は、「あなたの価値は仕事で決まるわけではない」というシンプルな認識から始まる。

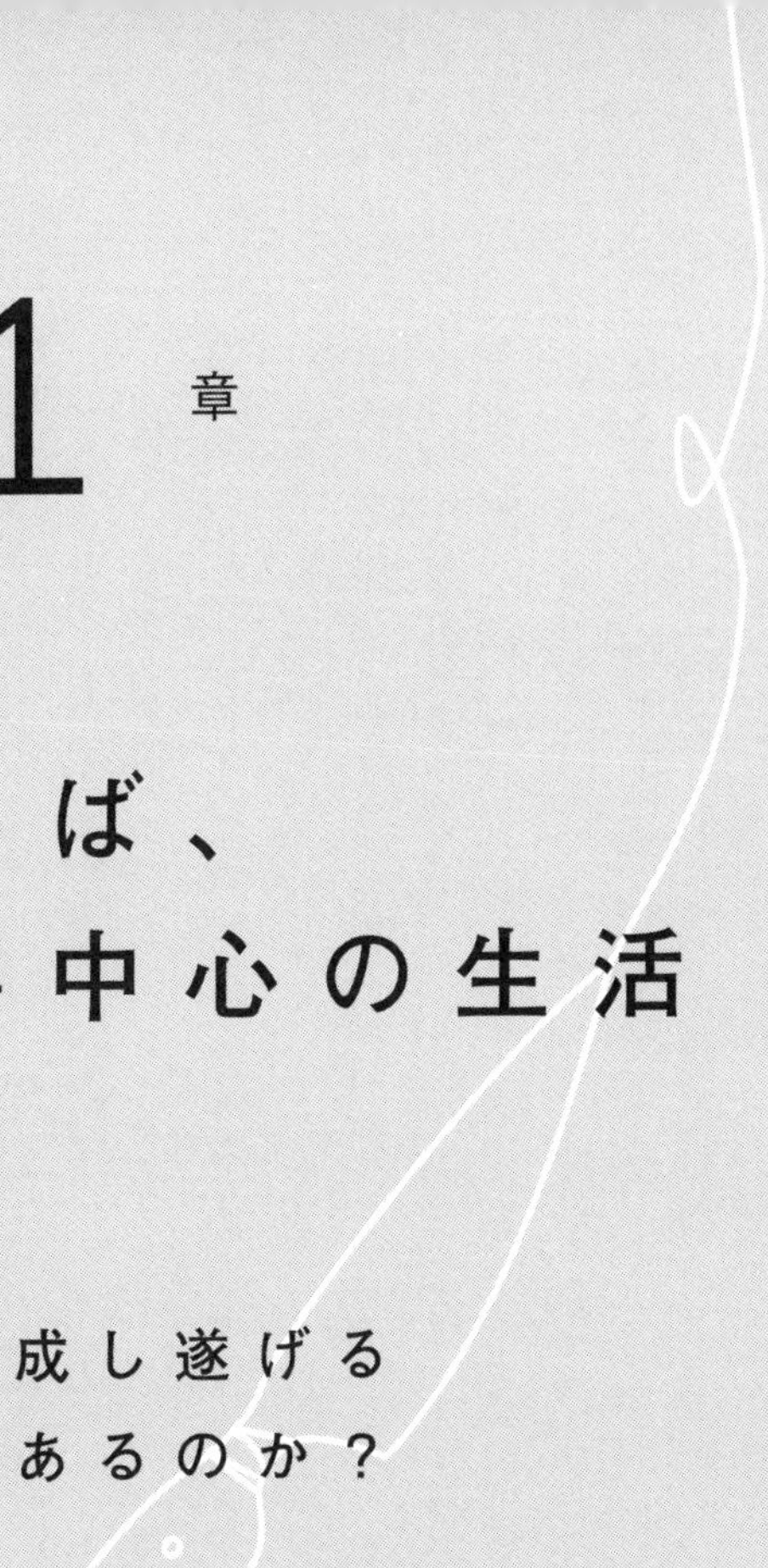

第1章

さらば、仕事中心の生活

仕事で何かを成し遂げる必要はあるのか？

充足は貧困から2段上がった状態でも、裕福から1段下がった状態でもない。
かろうじて足りている、あるいは十分に足りているなどと測れるものでもない。
充足は量ではないのだ。それは体験であり、私たちが考える文脈であり宣言である。
足りているという認識であり、十分であるという感覚なのである。[1]

ブレネー・ブラウン（心理学者）

ディビヤ・シンが学生寮に住んでいたとき、あるクラスメイトが彼女の人生を左右する発言をした。「どんなに頑張っても君がザ・レストランのインターンシップに選ばれることはないよ」

前髪をきれいに整え、左頬にくっきりとしたえくぼが浮かぶ当時19歳のインド系アメリカ人のディビヤは、料理学校の学生だった。栄養士になるために学び、いつか「ボナペティ」や「サヴール」といったシックな料理雑誌に考案したレシピが載ることを夢見ていた。

だが、彼のひと言で火がついた。クラスメイトのコーディーは米国中西部出身で背が高く、自信に満ち溢れ、高級レストランのシェフになる道を着々と歩んでいた。まだ学生なのに、男性シェフ特有のふてぶてしさがあった。しかし、コーディーは喧嘩を売る相手を間違えた。ディビヤはそうした発言を聞きながすタイプではなかったのだ。

ディビヤとコーディーが通っていた料理学校からは毎年1名、超一流レストランと名高い「ザ・レストラン」でのインターンシップに参加する生徒が選ばれる。店はちょうどミシュランの3つ星を獲得したばかりで、厨房のすぐ脇にある建物に住むオーナーシェフのスティーブン・フィッシャーは脚光を浴びていた。

ディビヤの料理学校の教員で、「ザ・レストラン」で働いたことのあるランディー・グラシアがインターンシップに参加する生徒を選ぶことになっていた。包丁を扱う技術、生徒たちのアルバイト先からのフィードバック、面接の結果を総合してふさわしい生徒を推薦する。ディビヤにはそれまで高級レストランで働いた経験がなかった。しかし、「ザ・レストラン」でのインターンを目指すと決めてからは、放課後や週末のほとんどを高級レストランでの下積みに費やした。

年末になり、ディビヤとコーディーはどちらも「ザ・レストラン」のインターンに応募した。選ばれたのは、ディビヤだった。過去にこのインターンに推薦した学生の中でも彼女は特に優秀だったと、グラシアは話している。インターンが決まってからもディビヤはそれが始まる夏に向けて、玉ねぎやニンジン、セロリの切り方を練習するためにグラシアのクラスで修業を積んだ。

「ザ・レストラン」を見れば、洗練された厨房とはどんなものかがわかる。店は歴史的な石造りの素朴な建物に入っている。20世紀初頭は酒場として親しまれ、1970年代にレストランへと姿を変えた。フィッシャーは厨房を改装する際、古きよきものと現代のものとが融合するルーブル美術館のようにしたいと建築家たちに語ったという。青色の正面玄関から、厨房の壁に掛けられたヴァシュロン・コンスタンタンの時計の下に書かれた「気を引き締めよ」の標語に至るまで、すべてがフィッシャーらしさに溢れている。店で提供している9品のコース料理も1人当たり350ドルとトップクラスだ。

高級レストランの厨房のほとんどが、「ブリガード・ド・キュイジーヌ」と呼ばれる方式を採用している。これは19世紀にフランスのシェフが欧州の軍隊における厨房の階級制度に基づいて考案し、広めたものだ。そこでは料理長が指示を飛ばし、スタッフがそれに忠実に従う。父が海兵隊員だったフィッシャーも自身の運営するすべてのレストランでこのシステムを導入していた。コミス（シェフ見習い）であるディビヤは厨房の指示系統では一番下であり、インターンの最初の6カ月間での発言は「はい、シェフ」または「いいえ、シェフ」のみだった。

ディビヤはインターンの間、厨房でハーブをみじん切りにしたり、エリンギを角切りにしたりして、忙しい日々を過ごした。シェフは見習いが切った食材の形状を確認し、基準に満たなければ廃棄する。「ザ・レストラン」で料理人として働くことは、ピクサーでアニメーター、ウィーン・フィルハーモニー管弦楽団でチェリストとして働くようなものだ。最高峰の環境で働けるのは圧倒的な経験になるが、仕事は過酷である。「そこでの時間は非常に濃密」と「ザ・レストラン」の元ゼネラルマネージャーは話す。「1年で7年分の仕事をこなすようなものだ」

インターンが終わる頃、ディビヤは残って働かないかと言われた。けれど、彼女は流れ作業のような単調な調理にはわくわくしなかったし、何よりも学校を卒業したかった。そこでディビヤは学業を終わらせるために学校に戻り、別の形で店に戻ろうと考えた。

2000年代半ば、料理の分野では調理を科学的に解析する「分子ガストロノミー」が大流行していた。欧州のレストランは独自の研究開発《ラボ》用の厨房を持ち、食品科学と化学を用いて新しい調理法を開発した。「ザ・レストラン」では毎日メニューを変えているため、シェフたちは最先端の調理法を試す十分な時間を取れない。そこで料理学校の最終学年になると、ディビヤは自分にぴったりの役職を就職先候補にアピールすることにした。

そうして当時22歳のディビヤは「ザ・レストラン」初の研究開発シェフとして採用されたのである。卒業から数カ月後、彼女は再び「ザ・レストラン」の厨房に立ち、海水シャーベットをつくる方法やベシャメルソースを泡立てる方法を研究していた。

研究開発シェフとしてのディビヤの仕事のひとつは、食事制限のある人向けのメニューを考案することだった。店の看板メニューであるタピオカプリンや西洋ネギのスフレを、乳製品を使わずに再現する。このレシピの開発にディビヤは何カ月も費やした。研究開発用の厨房は客が食事を楽しむメインダイニングとは別の建物にあったが、ときどきレストランの客が乳製品フリーの素晴らしい料理をつくった魔法使いに会いたがることがあった。

ある時、7年間乳製品を口にしていなかった女性がやってきて、レストランで提供された乳製品を使っていないクリームチーズを口に入れた時の感動を涙ながらに語った。その瞬間、ディビヤは自分が今やっていることには可能性があると確信した。研究開発用の厨房で考案したレシピを一般家庭に届けることにはきっと商機がある、と。

自宅で乳製品を使わずに料理をつくろうとするとレシピを大幅に変えなければならない。それならどんなレシピでも乳製品の代わりに使える食材を提供したらどうだろう。ブランド名は「プラミール」に決めた。ヒンディー語でチーズを意味する「paneer（パニール）」にちなんでいる。

とはいえ、ディビヤはレストランのスタッフという立場だったので、新事業が店との利益相反になるのは避けたいと考えた。そこで彼女はオーナーシェフであるフィッシャーとのミーティングを設定し、プラミールを独立したベンチャーとして立ち上げる許可を求めることにしたのだ。

憧れのカリスマシェフがビジネスパートナーに

ミーティングの日、ディビヤは洗いたての真っ白なシェフコートに身を包んで、髪をひとつにきつく結んだ。フィッシャーとはそれまで1対1で会ったことがなかった。オフィスの外にあるベンチに座って彼が現れるのを待つ間、心臓はバクバクしていた。24歳の料理学校を卒業してまもない身で世界のトップシェフに会おうとしているのだ。「私はスティーブン・フィッシャーの時間をもらうのに値する存在かな？」とディビヤは考えた。

ディビヤはインターンシップのときと同じように入念に準備をしていた。乳製品フリーの製品市場のトレンドに関する調査結果と競合分析の表も用意した。外に出てきたガタイのよいフィッシャーは、固くなっている彼女を見て「緊張することはないよ」と優しい笑顔で言った。「私だって普通の人間だ」

プレゼンの後、フィッシャーはディビヤにゴーサインを出しただけではなく、さらにすごいことを提案した。「私も手を貸そう」

ディビヤは感無量だった。30分話を聞いてもらえるだけでもありがたいのに、かのスティーブン・フィッシャーが支援してくれるという。「見返りを求めているわけじゃない。君という非常に意欲的で野心のある女性の助けになりたいんだ」と彼は言った。「パートナーとしてこれをやってみるのはどうかな？」

ディビヤはアイデアをプレゼンするためにミーティングに臨んだが、終わる頃にはビジネスパートナーを得ていた。新会社の所有権は50対50で決まった。

それからの数年間、フィッシャーはディビヤの活動をサポートした。ミシュランの星付きレストランをほかにも数軒経営して非常に多忙であるにもかかわらず、フィッシャーはディビヤのために時間をつくって相談に乗った。事業の未来について定期的に話し合った。

やがてディビヤがかつて働くことを夢見たシックな雑誌に2人揃って登場した。ディビヤはプラミールの日々の運営を担った。そして子どもがいないフィッシャーは親身になってディビヤにアドバイスを送り、指導した。「人生で初めてのメンターだった」とディビヤは話す。「父親のような存在だったと思う」

ある日、事業で特に不安を感じることがあったので、ディビヤはレストランの正面ドアから小道を挟んだところにあるフィッシャーのオフィスへと足を運んだ。心配事を話すと、フィッシャーはディビヤの心に残ることを言った。

「私は本当に君のことを誇りに思っている。それだけは知っておいてほしい」

会議を終えたディビヤは駐車場に止めてある自分のクルマへと真っ直ぐに向かった。運転席に座って安心したら涙が溢れた。仕事でそんなことを言ってくれた人は初めてだったのだ。

会社の成長がもたらしたボスとの関係の変化

プラミールが成長するにつれて、ディビヤはCEO（最高経営責任者）としての自信を付けていった。製品を開発し、ブランドを育て、5～6人からなるチームを率いた。店頭に製品が並び、乳製品フリーの食品を特集するブログから「ニューヨーク・タイムズ」紙まで、あらゆるメディアが賞賛していた。

翌年、当時26歳だったディビヤは「フォーブス」誌の世界を変える30歳未満の若者30人を表彰する「30 UNDER 30」に選出される。会社は急成長していた。全国にある数百の店舗に製品が並び、ラインアップには乳製品フリーのアイスクリームやヨーグルトも加わった。

しかし、会社の成長はディビヤとフィッシャーの関係に軋轢《あつれき》をもたらした。事業が軌道に乗り始めると、フィッシャーは以前ほど事業に関わらなくなり、ディビヤが彼と話をするためにはレストラングループのCFO（最高財務責任者）を通さなければならなくなった。

ディビヤは消費財ブランドと関わりのある投資家から資金を調達したかったが、フィッシャーはそれで会社の所有権が希薄化することを恐れた。新たな投資家を引き入れるには、ディビヤとフィッシャーは会社の持ち分の一部を渡さなければならない。そこで代わりに大手ブランドで食品を扱った経験がある人物を役員として迎え入れることとなった。しかし、この役員はディビヤとは馬が合わなかった。ディビヤにはCEOとしての力量がないと考え、度々上から目線で物を言う人物だったのだ。ディビヤはこの役員の解雇をフィッシャーに申し入れたが、彼は「わがままを言うな」と突っぱねるだけだった。

プラミール設立から6年、事業は順風満帆だったが、ディビヤの気持ちは荒れていた。会社ではホールフーズ・マーケットやコストコといった大手小売業者にも商品を卸し始めていた。しかし、ディビヤはフィッシャーとの距離を感じ、事業に多くの時間とエネルギーを注いできたことで消耗していた。食品業界の経験豊富な経営者に支援を求めようにも、アドバイザー候補はみんなフィッシャーに追い払われてしまう。フィッシャーは、なぜディビヤが「ザ・レストラン」以外の人たちのアドバイスを求めるのかを理解できず、ディビヤはなぜフィッシャーが会社の成長を促進してくれる人の助けを受け入れないのかを理解できなかった。

そして決定的なことが起きる。プラミールの商品展開を増やす試みとして、ディビヤのチームは卵の代わりになる製品を開発していた。小売業者と卸契約を結び、製造を開始したが、販売開始の2カ月前になってフィッシャーが急に二の足を踏んだ。「ザ・レストラン」との関連性をあまり強調しない商品のパッケージデザインに不満があったのだ。これはディビヤが新規顧客を引きつけるためにあえて決めたことだった。

最終的にフィッシャーはこの事業からの撤退を決める。ディビヤにとってはもう我慢の限界だった。何カ月もかけて交渉してきたベンダーや販売代理店の担当者1人ひとりに、断りの電話を入れなければならなかった。ディビヤはプラミールを自分の会社だと思っていたが、完全には自分のものではないことを痛感した。そしてディビヤはフィッシャーとのミーティングを設定し、辞任を申し入れることを決めたのである。

その会議で、ディビヤはフィッシャーにプラミールを始めるときに抱いていた情熱が薄れたこと、そして難しい決断ではあるが辞職を考えていることを告げた。するとフィッシャーの態度は豹変した。ディビヤは彼のしたことに対する感謝がなく、せっかく与えたチャンスを無駄にしたと激昂したのだ。声を荒らげ、ディビヤを睨《にら》んでいた。「私がいなければ君は何もできない」とフィッシャーは言った。

「君は何者でもない。私の助けがなければまだ厨房にいたはずだ」

フィッシャーの発言はある意味正しいとディビヤは思った。ビジネスパートナーでありメンターである彼に非難されても、これまでのことには恩を感じていた。だから辞任後も数カ月は会社で働き続けることに同意した。彼女にはフィッシャーの指導と優しさへの感謝の気持ちがあった。「何年もそう思っていた」とディビヤは言う。「それで見えなくなっていた部分もあると思う。この人に対して借りがあるという気持ちで現実が見えていなかったの」

いちから育て上げたプラミールから去る。その変化は受け入れがたかったという。

「自分のアイデンティティに大きな穴が空いた感じだった。仕事をしていない自分の価値がわからなかったの」

とはいえ、気力を使い果たしており、しばらくは何もできなかった。しかし、少しずつ自分という存在を取り戻し始める。

仕事以外のアイデンティティを探る旅で気づいたこと

ディビヤは6週間、ひとりでタイを旅して回った。そこでは誰も彼女がスティーブン・フィッシャーのエース級だとは知らない。帰国してからは、事業を立ち上げていた7年間、忙しくてできなかったことをやり始めた。週末はレッドウッドの森でキャンプをし、平日は海岸でサーフィンを楽しむ。スケートボードの乗り方を学び、ただ楽しむためだけに料理をした。

「別の自分を育てることができたの」とディビヤは語る。「初めてそうする余裕ができたから」彼女のアイデンティティは仕事だけではなくなっていた。スケートボーダーであり、絵描きであり、コミュニティのまとめ役であり、30歳のいたずら好きでもある。行き先を告げずに友人たちを街でお気に入りの場所に連れて行ったり、ハロウィンの仮装でロッククライミングをしたり、同居人に手作りサモサのつくり方を教えたりするのが大好きな人物だ。

この時期のディビヤのように、さまざまなアイデンティティを育むと誰しも人生の困難を乗り越えやすくなると、心理学の研究は示している。逆を言えば、ひとつしかアイデンティティがないと変化に対応するのが難しいということだ。

アイデンティティについて研究するデューク大学フークア経営大学院の教授、パトリシア・リンビルは、さまざまな側面がある人（すなわち、「自己複雑性」が高いとリンビルが呼ぶ人）は強いストレスに晒《さら》されても、うつ病や身体的な病気になりにくいことを明らかにした。[2] 一方で、自己複雑性が低い人は強いストレスに晒されると、その影響が仕事以外の生活面にも波及してしまいやすい。

これは感覚的に納得できることだと思う。あなたのアイデンティティが、例えば、仕事や総資産、または親としての評価といった人生のひとつの側面に紐づいている場合、その分野でなにかひとつでもうまくいかないことがあると自己評価は一気に下がってしまう。たとえそれが自分ではどうしようもできないことだったとしてもである。しかし、自己複雑性が高く、生きがいに感じていることが複数あれば、人生でやむをえない困難に遭遇した時もそれに対処しやすい。

人生のいち側面だけでしか自分を見ないとしたら非常に危険だ。プロフットボール選手のジュニア・セアウは、ナショナル・フットボールリーグ（NFL）で20年間活躍したラインバッカーだった。サンディエゴ・チャージャーズをスーパーボウルのチャンピオンシップへと導き、12回連続でNFLのオールスターゲームであるプロボウルに選ばれる快挙を成し遂げた。しかし、引退からわずか3年後、悲劇的にも彼は自らの命を絶ってしまう。

「スポーツ選手として育ち、周りから常に賞賛される世界で生きていると、それが普通になってしまう」と、セアウのチームメイトであったマイルズ・マクファーソンは彼の死後、スポーツ専門チャンネルESPNの取材で語った。[3]「選手の体も頭も気持ちもアドレナリンが体中を駆け巡るような強烈な興奮と挑戦に慣れてしまっている。けれど、そうした生活はいずれ終わる。すると、薬物依存患者がドラッグを一気に断ったような状態になってしまうんだ」

残念ながら、セアウに起きた悲劇は珍しいものではない。プロのアスリートから退役軍人、CEO、スーパーモデルまで、仕事上のアイデンティティを失うことは、大きな喪失感を伴うことがある。他に生きがいを感じるようなことに時間をかけたり、取り組んだりしていない場合は特に深刻だ。

プラミールから身を引くことがディビヤにとって重要だったのは、事業を運営するストレスから遠ざかって回復の時間が取れたからだけではない。仕事以外の活動を楽しむ自分を見つける余裕ができたのだ。そして徐々にではあるが、事業について四六時中思案し続けて、フィッシャーに認められたいという思いから自身を解放できたのである。

しかし、平穏な時間は同僚からかかってきた1本の電話で中断されることとなった。

プラミールを去ってから、ディビヤは飲食業界と関わりのある弁護士と仕事をしていた。その彼がディビヤの書類、特にパートナーシップの財務の詳細を報告する米内国歳入庁の申告書「K－1」を見直していたところ、驚くべきことを発見した。

「書類を見る限り、ディビヤのプラミールの所有権がゼロになっている」と彼は電話口で言った。「フィッシャーが所有権をゼロにして君を会社から締め出したんだと思う」

何かの間違いだと、ディビヤは思った。フィッシャーはその前週、彼女の誕生日にお祝いメッセージをくれていた。またディビヤがパートナーであることを強調するために、メディアに向けて積極的に発信してもいた。

ディビヤは人生の7年間、20代のほぼすべてを、会社をゼロからつくり上げるために捧げてきた。そして最初から彼女の所有権は50%だった。

風が吹き付ける駅のホームでディビヤはフィッシャーに電話をかけた。「K－1に間違いがあるということはありませんか」とディビヤは聞いた。

「いいや」とフィッシャーは落ち着いた口調で答えた。「君が去ったから財務の状況を調整したまでだ」

「どうして所有権をゼロにするなんてことができるんですか?」とディビヤは言った。「どうして心血注いで軌道に乗せた会社を私から奪うようなことができるんですか?」

「悪いね」と彼は言った。「でも、これはビジネスなんだ」

ディビヤにとって、このパートナーシップは「ビジネス」のひと言では片付けられないものだった。フィッシャーは彼女にとって初めてのメンターだった。意見が一致しないときも、下働きのシェフが料理長に対するように、彼女は敬意を持ってフィッシャーに接した。

しかし、「これはビジネスなんだ」という言葉は、ディビヤがずっと前から尊敬し、見上げていた、ミシュランの星が厨房のレンジフードからぶら下がる店のオーナーシェフのイメージをぶち壊すものだった。なんでも相談できると思っていた人物の信頼はそのひと言で崩れ去ったのである。それまで2人はまるで家族のようだった。だが、現実は違った。

「私は、簡単には退くような人間ではないことを覚えておいてください」とディビヤは言った。10年以上前に学生寮の部屋でコーディーに対して抱いたのと同じくらいの強い覚悟が心のうちに芽生えていた。

「それは脅しか？」とフィッシャーは言った。

「いいえ、ただ私について知っておいていただきたいと思っただけです」

それが2人が裁判で再び会う前に交わした最後の会話だった。

信頼していた人の裏の顔を見た

裁判官、速記者、双方の弁護団、そしてフィッシャーのレストラングループのCFOが、ディビヤと共に長い木製のテーブルを囲んで座っていた。ディビヤはその部屋で唯一、中年でも白人でもなかった。フィッシャーは最後にやってきた。青いスーツとスカーフを身にまとった彼は、VIPのディナーゲストを迎えるかのように裁判官へとまっすぐに歩み寄る。晩餐会のホストのようにフィッシャーは着席する前に全員と握手を交わした。

駅のホームで話してから1年以上が経っていた。その会話の後、ディビヤは弁護を引き受けてくれる人を探して何人かの弁護士を当たった。誰もが同じことを言った。

「本当にやります？　訴訟はつらいし、誰も勝者になんてなれませんよ」と。

しかし、ディビヤの意志は固かった。ディビヤの母に彼女について尋ねると「ディビヤには越えてはいけない一線があるの。それを越えたらもう説得するのは難しいわ」と話していた。

やがてディビヤは、勝訴した場合にのみ料金が発生する成功報酬ベースで弁護を引き受けてくれる弁護士を見つけた。それでも法的な経費や専門家証人との契約など、有名シェフから自分を守るために必要なさまざまな費用を捻出しなければならなかった。プラミールを立ち上げたばかりの頃、自身の給料はCEOの基準からするとかなり控えめな金額に設定していた。そしてその頃に貯めたお金の大部分をこの裁判に注ぎ込むことになった。

裁判は5日間続いた。それぞれが財務の専門家を連れてきていた。弁護団は双方の主張を提示し、何年も前のメールや会社の文書のコピーを入念に精査していった。ディビヤとフィッシャーはどちらも何時間も質問を受け、反対尋問を受けた。ディビヤとフィッシャーが部屋の前方にいないときは、まるで共に食事をしているかのようにテーブルの端に向かい合って座った。

ディビヤの弁護団は、フィッシャーにディビヤの所有権を希薄化する権利はなく、フィッシャーは彼女が争わないと踏んでそうしたのだと主張した。従って、プラミールのディビヤの持ち分、およびフィッシャーの行動による損害賠償を現金で支払うことを要求した。

フィッシャーの弁護士は事業に投資するためにディビヤの持ち分を希釈する必要があったこ

と、そもそもディビヤの持ち分は、彼女の弁護団が強調するほどもないと主張した。

とはいえ、裁判は突き詰めて言えば、フィッシャーの言葉とディビヤの言葉、どちらを信じるかが争点だった。

尋問の最中、フィッシャーがディビヤの弁護士の話を遮る場面があった。「あなたはディビヤがまるで何も知らない子どもであるかのように言う」とフィッシャーは言った。「これまで存在しなかった製品を開発するほどの才能が彼女にあるなら、分析的な思考も持ち合わせているはずだ。それなら法的な文書の内容も理解できたはずだろう」

それは、彼がいなければまだ厨房で働いていただろうと言ったのと同じフィッシャーだった。その一瞬、ミシュランのスターシェフというフィッシャーの魅力的な外面が剥がれたかのようだった。

1週間後、ディビヤはうれしくも苦いニュースを受け取る。裁判には勝ったが、裁判官は現金支払いによる和解ではなく、ディビヤの50％の所有権を戻すようフィッシャー側に命じたのだ。これにより彼女は再びフィッシャーに縛られることになった。プラミールに10年間を費やしたディビヤが望んでいたのは、完全に身を引いてすべてを過去にすることだった。しかし最終的に、ディビヤとフィッシャーは合意に達し、ディビヤはプラミールを正式に去る。過ぎ去った時間を取り戻すことはできないが、これで少なくともディビヤは自由になることができた。

自分の価値を仕事以外に見出す

先日、ディビヤの暮らしているポートランドのシェアハウスを訪れた。マウント・テイバー公園から2ブロック離れた木々に囲まれた通りにある、十数の寝室を備えたビクトリア朝様式の大邸宅を改装したものだ。ここで14人が共に暮らしている。住人は食材をシェアし、2週間に1度は「ファミリーディナー」を開く。食堂に置かれた節の多いオークのテーブルを囲んで食事をするのだ。

その日はディビヤが料理の当番だった。共同キッチンのオーブンからカリカリに焼かれたカリフラワーとブロッコリーを取り出す彼女に、この本の読者が彼女の経験から学べる点は何かと尋ねた。

「自分を守るには、仕事以外の自分の価値を見出す必要があるということを知ってほしいわね」

そう言いながらディビヤは火の通った野菜が乗った皿をカウンターに置いた。プラミールを離れるまで、ディビヤは自分の人間としての価値は、労働者としての価値とイコールだと思っていた。つまり、名声、富、フィッシャーとの接点がすべてだと思っていたのだ。「そこに搾取される隙が生まれる」と彼女は話す。「自分の価値を知らないから、一線を越えることを許してしまうの」

野菜にパルメザンチーズをかける手つきは、レストランの厨房で何年も過ごした人のものだった。ディビヤが最初に「ザ・レストラン」で働き始めてから、フィッシャーとのつながりを完全に絶つまでの10年以上の中で最も印象に残っていることは何かと尋ねた。彼女の答えは意外なものだった。

それはインターンに合格したことでも、フィッシャーがプラミールのパートナーになろうと提案したことでも、「フォーブス」に表彰されたことでも、裁判に勝ったことでもない。ディビヤにとって最も心に残っていたのは、会社を去った直後の何もしていなかった短い期間だったという。自身のアイデンティティがキャリアに紐づいていなかったときの体験だ。

ディビヤの話からもわかるように、仕事中心の生活ではほかのことをする余裕がなくなる。プラミールの事業を育てている間、仕事が彼女の活動のほぼすべてを占めていた。しかし、人には多くの側面がある。人は労働者であると同時に兄弟姉妹であり、市民であり、趣味人であり、隣人でもある。

アイデンティティはある意味、植物のようなものだ。それを育むには時間も手間もかかる。意識的に水やりをしなければ簡単に枯れてしまう。

アイデンティティを多方面に育むことには、仕事を失う衝撃を緩和する以上の意味がある。他人からの批判の痛みを軽減したり、退職後の混乱を避けたりするためだけではない。よりバランスの取れた人間になれるのだ。複数のアイデンティティがあれば、人は世界と関わる別の方法を見つけることができ、仕事を通じて生産する経済的な価値以上の価値を自分に見出せるようになる。また皮肉なことに、仕事以外の趣味や興味、情熱をぶつけるものがある人の方が仕事でも生産的になれることが研究によって示されている。[4]

その晩、キッチンに座っていると、ディビヤが共同生活を通じて新たなアイデンティティを獲得していることが見て取れた。彼女は自室の一角を、誰でも気軽に立ち寄れるティーラウンジにしている。ルームメイトたちにとってディビヤは彼女の肩書きや会社の成功、スティーブン・フィッシャーとの接点以上の存在だった。彼女は素敵な家庭料理人、アウトドア愛好家、楽しいパーティーの企画者、そして信頼できる友人でもあるのだ。

現在、ディビヤは再び仕事をしている。新たな食品会社を共同設立し、シード投資で400万ドルの資金を調達した。

前回の起業と何が違うのかと尋ねたとき、「今回は自分の価値をちゃんと理解しているから」と彼女は答えた。「仕事以外のアイデンティティを培ってきたわ。だから仕事の割合が増えると、人生の他の面に食い込むことになる。仕事には、自分のアイデンティティや人生を犠牲にしてまで没頭する価値がないってことを今はちゃんとわかっているの」

第 2 章

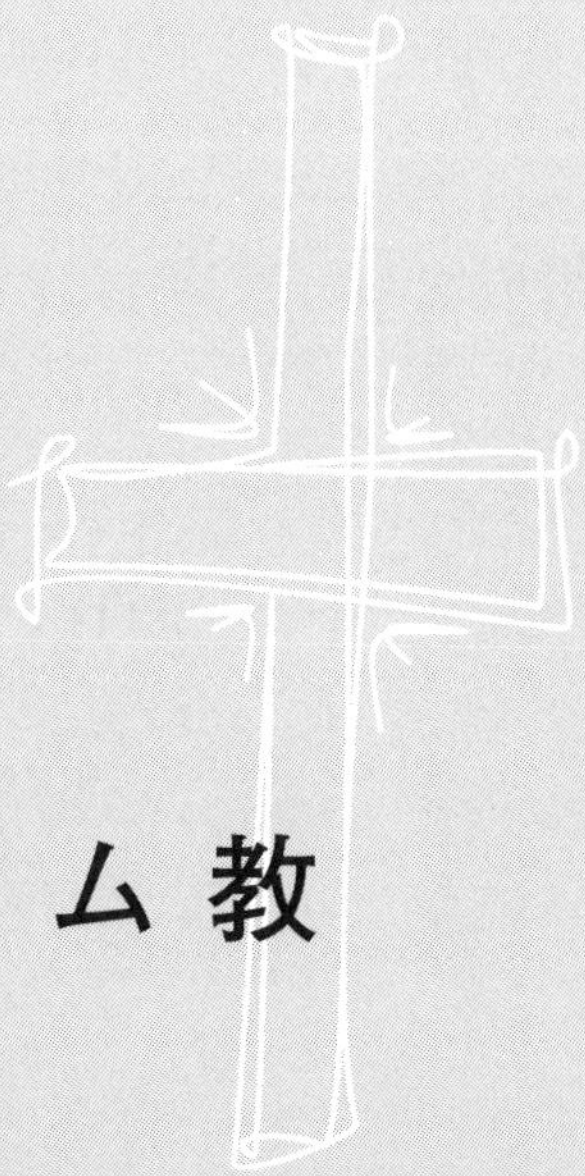

さらば、ワーキズム教

仕事は宗教のように崇めるべき存在か?

信仰がないなんてありえない。
誰もが何かを信仰している。
選べるのは何を信仰するかだけだ[1]

デイビッド・フォスター・ウォレス(作家)

表をひと目見た途端、ライアン・バージの手は震え始めた。それがサインなのだ。何か重要なことを見つけると毎回こうなる。それは２０１９年3月19日、総合的社会調査（GSS）が２０１８年の調査結果を公表した日だった。GSSは１９７２年以来、政治観から神についての考えまで、社会のトレンドにまつわるさまざまなデータを収集している。GSSの集めた半世紀にわたる縦断的なデータは、ライアンのような社会科学者にとっては宝の山である。

ライアンが特に興味を持っていたのは、彼の専門である人々の宗教観だ。歴史的に、多くの米国人は何らかの宗教を信仰していた。１９９０年に「無神論者、不可知論者、あるいは特に何も信じていない」と答えた米国人は全体の約７％しかいなかった。[2] しかし、最近はこれが変わりつつある。米国内で信仰を集めてきた宗教から人が離れている一方で、「ノンズ」と呼ばれる宗教を信仰しない人たちが増えているのだ。

丸顔のライアンは明るい茶髪を短く刈り込んだ髪形をしている。その少年っぽい見た目から、彼の蓄えた知識量は想像がつかない。ライアンは2倍速の動画のようにしゃべり、頭の中では言葉にできるよりも速くさまざまな考えが駆け巡っている。

GSSが結果を公表する日、ライアンは朝からそわそわしていた。教鞭を取っている大学からイリノイ州マウント・バーノンにある自宅までの１６０キロの道のりを車で帰る間、どのようにデータを解析しようかと考えていた。帰宅してからは、2人の幼い息子たちのためにピーナッツバターとジャムを塗ったサンドイッチをつくり、妻と一緒にバブルバスの用意をした。その間もずっと自室の机に向かう瞬間を心待ちにしていた。

知りたいことははっきりしていた。米国の7つの主要な宗教との人々の関わり方がこの2年間でどのように変化したか、である。

ようやく机に向かう時間ができてデータを解析すると、すぐに答えがわかった。「無宗教」を自称する人々が、「福音派《エバンジェリカルズ》」や「カトリック」を自称する人々を史上初めて上回ったのである。これはつまり米国の約4人に1人が特定の宗教を信仰せず、「ノンズ」がどの宗教の信者よりも多くなったということだ。

ライアンの手が震え始めたのは、この時だった。

彼は急いで息子たちをお風呂から出して乾かすと、また自室へと戻った。この結果を公表しなければ、と思ったのだ。そして午後8時48分、ツイッター（現・X）にいる600人のフォロワーに向けて「ノンズ」の増加を示す表を投稿した。それから息子たちを寝かしつけるために絵本を読んだ。子どもたちが眠りにつく頃には投稿は広く拡散されていた。

まもなくライアンがつくった表はソーシャルニュースサイト「レディット」のトップページに掲載され、2000以上のコメントを集めた。[3]「ニューヨーク・タイムズ」紙と「ワシントン・ポスト」紙もこの話題を取り上げている。無宗教層の増加は全国的なニュースとなり、イリノイ州の田舎町の学者であるライアンは時の人物となった。

ライアンにとって米国人の宗教観の調査は個人的に重要なものでもあった。なぜなら、彼は大学教授であると同時に、マウント・バーノンにある「ファースト・バプテスト」という小さな教会の牧師でもあるからだ。

教会に足を運ぶ人が減っている

多くの牧師とは異なり、ライアンが聖職者になったのはお金のためだった。大学2年生の春頃、夏休みの間にする仕事が決まっていなかった。だから、故郷から30キロほどの場所で青年牧師の募集があると聞いた時、すぐに応募したのである。卒業後は銀行の窓口で働いた。けれど単調な仕事に耐えられず、大学院に進んで政治学を学ぶことにした。

大学院に通いながら、30人ほどの定年退職者が通う小さな教会の牧師として働き始め、23歳の若さでファースト・バプテストの牧師となった。それから17年間、講壇に立ち続けている。

マウント・バーノンはシカゴよりもセントルイスに近い、イリノイ州南部に位置する人口1万5000人ほどの町である。住民の多くはタイヤ会社か薬局チェーン「ウォルグリーン」の配送センターかカトリック病院の「グッド・サマリタン」で働いている。

ファースト・バプテストは町の郊外の整備された大きな敷地に建つ教会だ。現在、ファースト・バプテストに通う信者は十数名。礼拝は大きな聖堂ではなく、リノリウム張りの小さなコミュニティルームで行われる。そこで信者たちは円形に並べられた黒い折りたたみ椅子に座って牧師の話に耳を傾けるのだ。

礼拝に来る人の少なさにライアンはいら立ちを覚えることもあった。「自分の無力さを痛感した」と、彼は著書『The Nones: Where They Came From, Who They Are, and Where They Are Going（ザ・ノンズ：彼らはどこから来たのか、誰なのか、そしてどこへ行くのか）』（未訳）に綴っている。「20年間も献身的に働いてきたのに、あっけなく解雇された工場労働者のような気分だ。なんで努力が報われないのかと悩んだこともある」[4]

しかし、社会科学の視点で見ると、この状況の異なる側面が見えてくる。ファースト・バプテストで起きたことは、彼の頑張りとは関係なく、この数十年にわたる人々の宗教観の変化を反映するものなのだ。

宗教が衰退した理由はひとつではない。神学的な見解の不一致が原因で、あるいは日曜日の礼拝の開始時間が30分早まったことが原因で教会を離れた人もいるだろう。

とはいえ、多くの米国人が帰属意識、生きる意味、アイデンティティのインフラを提供していた宗教から遠ざかったことは事実である。実のところ、宗教から人が離れているからといって、帰属意識、生きる意味、アイデンティティを探す場所の必要性がなくなったというわけではない。人はそれを別の場所に求めるようになっただけだ。目を向けた先が最も多くの時間を過ごす「職場」だったのはごく自然なことである。

労働が神聖なものになったきっかけ

16世紀まで、労働が苦役以上のものであるという考えは西洋にはほぼ存在しなかった。古代ギリシャ人は労働を、より崇高で価値のある活動から人々の身体と精神を遠ざける呪いと考えていた。[5]「ビジネス」のラテン語である「negotium」は、文字通り「楽しくない活動」を意味する。[6]人生における労働の役割についての考え方が変わったのは、ドイツの神学者マルティン・ルターが現れてからだ。

ヨーロッパのカトリック教会は16世紀、「贖宥状《しょくゆうじょう》」と呼ばれる小さな羊皮紙を売ることで大金を稼いでいた。これは罪を軽減する証明書（免罪符）で、人々はこれで天国への切符を買おうとしていたわけだ。ルターは１５０７年に司祭に叙階したが、「贖宥状」の販売には疑問を持っていた。運命はあらかじめ定められており、金を積んだからといって天国に行けるわけではないと考えていたのだ。人はそれぞれの場所へと導かれる。靴屋は靴に、鍛冶屋は鉄に導かれ、人々はそこで主に尽くすのだとルターは説いた。そしてこの考えが広まったことで、労働、ひいては労苦までもが神聖なものとして見られるようになったのである。

フランスの神学者であるジョン・カルバンが生まれたのはルターが叙階してから2年後のことだ。カルバンはルターの労働を神聖なものとする理念をさらに一歩進めた。人々は単純にそうしなければならないから労働に専念するのではなく、懸命に働くことこそ天国へ行ける者の重要な特徴だと考えた。つまり、一生懸命働く能力と神の恵みという外的な承認（つまり金）を得ることが、永遠の救いの証拠だと説いたのである。カルバンの思想によれば、天国に行きたいのであれば、一生懸命打ち込める仕事、つまり、天職を見つける必要があるというわけだ。

ドイツの社会学者マックス・ヴェーバーは、利益を尊ぶ経済の仕組みである資本主義と、一生懸命働くことこそ天国に行く方法と説くプロテスタント主義には共通点があると、その著書『プロテスタンティズムの倫理と資本主義の精神』（岩波文庫）で指摘している。[7] 仕事での成果が、死後の行き先が天国か地獄かを決めるというカルバンの思想と、現代の資本主義の基盤は結びついているというのだ。そして絶えず成長を求める経済の仕組みと、労働を崇拝する宗教が一緒になることで、仕事を崇拝する社会の土壌ができ上がった。

カルバンのような16世紀の牧師が現代まで生きていたら、金を手に入れる方法について書いた本の印税で何百万ドルも稼いでいるジョエル・オースティーンのような牧師たちの教えが同じ思想に由来しているとは思えないかもしれない。オースティーンが説くのは「繁栄の神学」であり、これは主に米国の福音派の間で信じられている。[8] 財政的な成功こそ神の意志とする思想だ。

毎週日曜日、オースティーンはテキサス州ヒューストンにあるNBAアリーナを改装した教会で何万人もの信者の前に立ち、信仰と努力で物質的な富を増やせると伝えている。オースティーンによれば、「時間通りに仕事に行くこと、毎日生産的であることは、神を讃えることと同義」

である。[9]「信仰で人は金持ちになれる」――。[10]これ以上米国らしい考えがあるだろうか。

しかし、毎週何千人もの信者がオースティーンの説教に耳を傾ける一方で、多くの米国人が信仰から離れているのもまた事実だ。

その理由についてライアンはいくつかの仮説を立てている。[11]

無宗教者「ノンズ」の増加を後押しした社会現象

人々が宗教から離れた理由には有力な説がいくつかある。そのいずれもが過去30年間で「ノンズ（無宗教者）」が3倍以上になる後押しとなった。次の折れ線グラフを見ると、1991年に「ノンズ」の増加を触発する出来事があったように見える。しかし、実際そのような出来事は起きていない。数十年にわたって勢いを増したいくつかの社会現象が積み重なったことで「ノンズ」の増加が転換点を迎えたのだ。

そのひとつは、商用インターネットの台頭である。例えばインターネットの存在は、自分の信仰に疑問を抱いたシーラ・コノリーと、彼女と同じように考える仲間をつなぐ役割を果たした。

シーラは1990年代、ワシントン州のカトリックの家庭で育った。幼い頃は学校に通わず自宅で学んだ。10代をカトリックの寄宿学校で過ごし、カトリック系の大学へと進学する。しかし、生まれたときから身近だった宗教や価値観について疑問を持ったとき、相談できる相手はひ

1972年から2021年までの無宗教者の推移

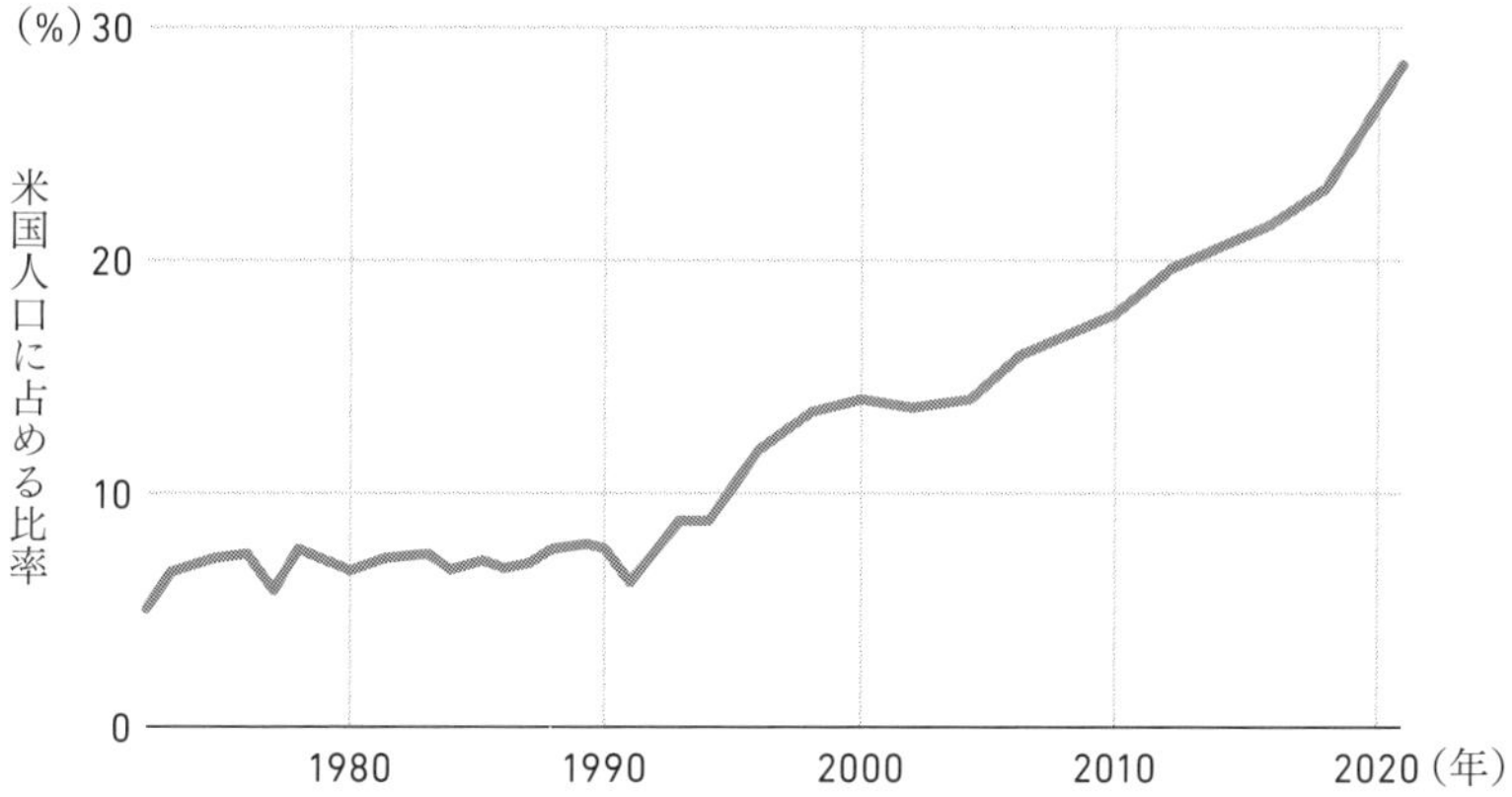

とりもいなかった。もし数十年早く、インターネットがない時代に生まれていたのならシーラは信仰への疑念に蓋をして、カトリックのコミュニティと関わり続けたかもしれない。

社会科学者はこの現象を「沈黙の螺《ら》旋《せん》」と呼ぶ。自分の考えが周りの社会的規範と合わない時、人は声を上げるのではなく口を閉じる傾向にある。シーラはそれまで信仰を捨てた人をひとりしか知らなかった。しかし、ネットではカトリック以外の人たちと接することができる。シーラはそこで彼女と同じように信仰に疑問を持った人たちが集まるオンラインコミュニティを見つけた。そしてそうした人たちの支えもあって、最終的に教会から完全に離れることを決意したのである。

「教会は特定の本を図書館から排除できる。でもグーグルの検索結果をすべて自分たちの都合のいいように変えることはできないの」とシーラは話す。ネットで無神論者のコミュニティを見つけたのはシーラだけではない。ソーシャルニュースサイト「レディット」において「無神論」のカテゴリーの登録者数は270万人[12]もいる一方で「キリスト教」の登録者数は33万人だ。[13]

人々が宗教から離れた2つ目の要因に宗教の政治化、具体的にはキリスト教と保守派の結びつきが挙げられる。米国の宗教右派の起源は学者の間でも意見が分かれている。とはいえ、1970年代半ば、テレビ伝道師として名声を得た福音派の牧師たちがその地位を利用して、米国社会における道徳的な衰退を訴えたことがきっかけだと言われている。[14] 同性愛、中絶、ポルノグラフィといった議論を呼ぶ内容を論点に、テレビ伝道師たちは議論の舞台を説教壇から政治へと移していった。

例えば「モラル・マジョリティ」はバプテスト教会の牧師であるジェリー・ファルウェル・シニアが設立した政治的なロビー活動団体である。[15] この団体は1980年の大統領選挙の際、福音派の信者の投票の3分の2を集め、ロナルド・レーガンを勝利に導いたと研究者たちは考えている。

だが、この宗教と保守派の強い結びつきはリベラル派を教会から遠ざけた。1972年において、教会に毎週足を運ぶ白人の55％は民主党、34％は共和党の支持者だった。[16] 2021年の調査では民主党の支持者は21％に減り、共和党は62％に増えていたのである。

「ノンズ」増加の3つ目の要因は、社会的な孤立が深まったことだ。米国人は以前よりも宗教をはじめとする社会的なグループに参加しなくなっている。ハーバード大学の政治学者であるロバート・パットナムは、ボウリングのリーグや政治団体などの社会的なグループを研究し、『孤独なボウリング――米国コミュニティの崩壊と再生』（柏書房）で米国人の集団的な社会生活の急激な衰退の実態を浮き彫りにした。[17]

社会参加の衰退により、人々を結びつけ、生きる意味を探し、自分よりもずっと大きなものに属していると感じられる網の目のような人間関係が崩れることをパットナムは懸念していた。彼は信仰を軸とする各種のコミュニティが「米国の社会資本《ソーシャルキャピタル》の最も重要な貯蔵庫」と考えていたのである。

ライアンもパットナムと同じ考えに立つ。「宗教は、神学的な意味でも心理的な意味でもなく、社会的な意味で自分が何者であるかの答えを知るためのものなんだ」とライアンは話す。「神聖な要素を含む社交クラブということだよ」。しかし、米国人はこうしたコミュニティに参加しなくなっており、社交クラブや宗教に関わる人は減少している。

社会的な孤立の高まりには世代間の違いもある。ロンドンを拠点とするシンクタンク、オンワードの研究によれば、25歳までのミレニアル世代のうち教会や読書クラブ、スポーツチームなどのグループに所属している人は37％だった。[18] それに対して、その上の世代となるジェネレーションX（ベビーブームの後の世代）は48％だった。

こうしたコミュニティに参加しなくなるほど、人々はその穴埋めを仕事に期待するようになる。他の活動ではなく仕事が宗教の代わりになった理由は、いくつか考えられる。「夢を追う」風潮の流行やオフィスが社会生活の中心地になったこと、経営者の神格化などだが、これについては後ほど説明する。

そもそも仕事に価値を置き過ぎる米国人の思想が、ワーキズム（仕事主義）の土台となっている点は無視できない。多くの人、特に大卒以上の社会人の多くは仕事に生きがいを感じている。しかし、「アトランティック」誌の記事「ワーキズムが米国人を不幸にする」でデレク・トンプソンが指摘しているように、職場のデスクは祭壇としてつくられたわけではないのである。[19]

仕事選びは、なりたい自分選び？

僕は27歳の時に、仕事を神聖視するリスクを、身をもって学んだ。当時の僕は、重要な決断を迫られていた。2社から内定をもらい、どちらかを選ばなければならなかったのだ。

1つ目は、洒落たオンラインマガジンでのスタッフライターの仕事だ。それまでの仕事はどれも心からやりたいことではなかった。広告業界で数年、テック業界で数年を過ごしたが、その間ずっと文章を書く仕事がしたいと思っていた。平日の終業後や週末にフリーランスのジャーナリストとしての仕事を少しばかり請け負っていたが、「ライターです」と言うたびに微妙に嘘をついている気分だった。スタッフライターの仕事を選べれば、憧れの肩書きをついに手に入れられる。

2つ目は、有名なデザイン会社でのデザイナー職だった。大学院でその会社の創業者の講演を聞いて以来、そこで働きたいと思っていた。「この人のために働く！」とポケットに忍ばせたノートに綴っていたほどだ。そしてその数年後、それを実現できる機会がやってきたのである。給料もライターの仕事の1・5倍以上だ。

どうしようかと数週間悩んだ。親しい人たちにも意見を求めた。ヨガの先生やウーバーの運転手にさえどう思うかと尋ねたし、キャリアコーチを探したこともある。作家マイケル・ポーランの著作の影響を受けて、決断を後押ししてくれることを期待してサイケデリックな体験を得られることを試してみたりもした。それでも答えは出なかった。

こっちにしようと思うたびに、もう一方の仕事のよいところが頭をよぎる。人を惑わす「悪魔のささやき」を考える仕事の方が向いているかもしれない。

心のどこかで、こんな悩みはバカげていると僕は思った。2つある候補からどちらかを選べるなんて贅沢な悩みだ。自分がキャリア上の決断をあまりに深刻に捉え、悩んでいることに嫌気が差した。でも、心の別の部分ではキャリアは超重要だとも思っていた。仕事は単なる仕事ではなく、僕のアイデンティティとなるものだ。「普段は何をしているのですか？」、ひいては「お前は一体どこの誰なのか？」の問いへの答えとなるものだ。転職先を選ぶことはどちらかの仕事を選ぶというより、2つのなりたい自分からどちらかを選ぼうとしているような気分だった。

何週間も悩んだ末、デザイン会社の仕事を取ることにした。すんなり決まったわけではない。一旦断ったものの、翌朝パニックを起こして採用担当者に電話をかけ、心変わりしたと伝えたのだ。しかし、新しい仕事を始めて数週間が経った頃、この決断は失敗だと思うようになった。朝のコーヒーは、自分のアイデンティティに対する不安で味がしなかった。デザイン業界に浮気した自分をジャーナリズム業界がもう一度拾ってくれるだろうかと、リンクトインを見て回ることをやめられなかった。

僕は嫌な奴になっていた。他者に気を配れないダメなヤツ。自分のキャリアの問題ばかり話すダメなパートナーだった。さらに自分の仕事への満足度ばかり気にするダメな労働者だった。

それでも、しばらくすると自分の中で何かが変わり始めた。悟りが開けたのだと言いたいところだけれど、最大の助けになったのは時間だ。日々のルーティンができて、仕事への執着を手放せるようになった。サッカーをしたり、読書をしたり、友人と公園に行ったり、同居人と料理をしたり、新しい生活が定着した。仕事では、他にやりたいことが無数にあるという考えに囚われず、自分が楽しめる作業に集中できるようになった。何よりも自身の選択についてあれこれ思い悩むのをやめることができた。今の仕事も十分にいい仕事だと思えるようになった。

僕はそれまで労働主義の負の側面に捉われていた。

ひとつは、第1章でディビヤ・シンが学んだように、仕事にすべてを捧げると、ほかにやりがいを感じる活動に時間を充てられなくなる。仕事が常にあるとも限らない。仕事がすべてなのに、その仕事がなくなったら何が残るのか？

もっと深刻なリスクがある。仕事に超越体験を期待するのは大きな失望を伴うということだ。仕事のような世俗的なことではなく宗教を信仰する利点のひとつは、信仰対象が人智を超えた存在であることと関係する。

「信仰の対象を神や何か神聖なものとするのには妥当性がある。それは、これ以外のものを信仰の対象とした場合、それに呑まれてしまうからだ」と作家デイビッド・フォスター・ウォレスは有名なスピーチ「これは水です」の中で語っている。[20] 美貌や金、権力を崇拝した場合、それらをどれだけ手に入れても十分とは思えなくなるという意味だ。

僕は仕事を崇拝していた。だからこそ、完璧と思える仕事以外のもので妥協する自分が許せなかった。仕事への期待値を下げて初めて、仕事は自分のすべてではなく、アイデンティティのほんの一部に過ぎないと思えるようになったのである。

ワーキズム教以外に大切な信仰

日曜日の朝、ライアンは教会の講壇に立っていた。週の初めに見たジープの新型「グランドチェロキー」のトラックのコマーシャルについて話そうと決めていた。広告のキャッチフレーズは「その人のつくったものが、その人をつくる」だった。

コミュニティルームの前方に立ったライアンは集まった数少ない信者にこう語った。

「人は何をつくるかではなく、誰であるか、そして誰に仕えているかで自己を認識するべきです」と。しかし、彼の心の奥底には葛藤があった。「人は概して、自分の仕事で自分を認識するものですよね」と説教を終えた後にライアンは僕に話してくれた。

ライアンは自分の仕事を心から愛しており、やりがいを感じている。まだ40歳にもなっていないが、退職する日が怖いという。「『あなたは私のために何を行い、世界のためにどれほど尽くしたのか?』と、いつか天国の門で神はお尋ねになる。その時私は『全力を尽くしました』と答えたい」とライアンは話す。「すべてを出し尽くしました、と」

作成した表がSNSで広く拡散されてからライアンの知名度は上がった。フォロワー数は1万8000人以上になり、宗教トレンドの専門家として「ニューヨーク・タイムズ」紙やNPR(米国公共ラジオ放送)で度々発言している。大手出版社の編集者からは次はうちで本を書いてほしいと言われ、有名大学の研究機関からは講演の依頼が来る。

「イリノイ州の小さな田舎町に住むおじさん」を自称するライアンは、一夜にして有名人になった。記事の執筆や講演の依頼が殺到する中、ライアンは21世紀的な大きな皮肉に直面している。素晴らしい仕事の報酬とは、さらなる仕事で返ってくるのだ。

とはいえ、仕事のプレッシャーが高まろうとも、ライアンには信仰がある。それが市場の要求と対抗し、生活のバランスを保つ役割を果たしている。

オースティーンの「繁栄の神学」は信仰と労働を結びつけるが、ほとんどの宗教行事は生産的な活動と、神と向き合う活動を明確に分けるものだ。ユダヤ教のシャバット（安息日）は時間で、修道士を社会から切り離すカトリックの修道院は空間で、イスラム教の他の活動を中断して行う1日5回の礼拝は行動で、この2つを分けている。ただし、重要なのは生産的な活動と信仰の分断そのものではなく、商業的な生活をする中でも、人生にはそうしたものよりも価値があるものが存在するという認識を持っていることだ。

ライアンの生活は、自己啓発系の記事が勧めているようなワークライフバランスのあり方とは程遠い。日曜日でもメールをチェックし、デスクで昼食をとり、仕事用のコンピュータで息子たちとゲームをすることもある。仕事とプライベートをしっかり分けているわけではない。

それでも、ライアンは別の方法でバランスを取っている。彼は学者であり、プロテスタント、父親、牧師、イリノイ州の小さな町の住民である。

そんなライアンにとってのワークライフバランスとは、日曜日に教会で説教したり、息子たちのサッカーの試合を応援したりするために、報酬が良い講演の依頼を断れる生活を意味している。あるいは大規模な研究機関で働くために都市に行くのではなく、地元のコミュニティに関わり続けるためにマウント・バーノンに留まって静かな生活を送ることだ。

「生活する上でいくつか生きがいを感じることがあると、何かに挫折したときも、深刻に捉えなくてすむようになる」とライアンは語る。彼には仕事とは別の信仰というものがある。

仕事はひとつの器にすぎない

生きる意味は何か、という根源的な問いに答えるために信仰がある。信仰は日々の行い、教義、コミュニティを通じてそれぞれが答えを見つけられるよう支援するものだ。しかし、宗教からますます遠ざかっている現代の人々はその答えを見つけるために別の方法を取らなければならない。仕事はそのひとつだ。教会のように、職場も一種の器として機能する。日々のタスクがあり、人々にアイデンティティを提供する、生産性、効率、利益を尊ぶ価値観の器なのだ。

仕事にアイデンティティとやりがいを求めるのは必ずしも悪いことではない。僕自身、ライターであることを誇りに思っているし、仕事にやりがいを感じている。しかし、職場は価値ある人生を定義する器のひとつに過ぎない。それが提示する価値観を唯一絶対と考えるのは、1本の綱の上でバランスをとっているようなもので、風が吹いたら簡単に煽られてしまう。

ボウリングリーグに参加したり、ギターを習ったり、友人たちと毎週持ち寄りの食事会を開いたりすることの利点は、それぞれが個別の「器」として機能する点である。ボウリングのメンバーはあなたの肩書きなんて気にしない。ロックスターを目指すことなんて考えずにギターの演奏を楽しんでいい。友だちはあなたの経済的な生産性を気にしたりしないだろう（もし気にしているようなら付き合いを見直した方がいいかもしれない）。

研究によると、充実した人生は、必ずしも理想の収入や肩書きを得ることで手に入るものではない。実際、同じ会社で同じ仕事に従事している人たちでも、仕事にやりがいを感じる部分は大きく異なるものだ[21]。また、「自己決定」の度合いと人生の充実感には関連性があることも明らかになっている[22]。何を大事にするかを自分自身で決めたとき、人はよりやる気が湧き、充実感を得られるのだ。

あなたが何を信仰すべきかは、わからない。でも、自分にとって何が大事かを意識的に決めない限り、周囲の人の持つ価値観に流されることになる。ライアンのように、自分の人生にとって価値のあるものを特定し、複数のやりがいのある活動に投資したとき、あなたは会社や上司、市場の影響を受けにくい自分を育てることができるのだ。

第 3 章

さらば、やりがいの搾取

理想の仕事って、本当にあるのだろうか？

憧れの仕事なんてないわ。
働くことに理想を抱いていないから。[1]

ケイシー・ハミルトン、TikTokより

1960年代後半の景気後退では多くの人が失業した。リチャード・ボレスもそのひとりである。彼が国際的なベストセラー『パラシュート――世界最強の就職マニュアル』（実日ビジネス）を出版する2年前のことだった。ボレスは牧師としてエピスコパル教会に15年間勤めたが、予算削減のため解雇されてしまった。だが彼はすぐに次の仕事を探すのではなく、全国を回って人々の仕事にまつわる話を聞く活動のために補助金を申請した。

数年間、旅を続けながら、ボレスは仕事に不満がありキャリアから〝脱出しよう〟と考える多くの労働者から話を聞いた。[2]「その言葉を聞くたびに飛行機が思い浮かんだ」と、亡くなる前に受けた「ニューヨーク・タイムズ」紙の2017年のインタビューで語っている。「だから、『あなたのパラシュートは何色ですか？』と聞いて回ったんだ」

当時、仕事への満足度がキャリアにおいて重要な要素であるという考えはあまり馴染みがなかった。労働は日銭を稼ぐ手段に過ぎなかったのである。家族を養うため、あるいは社会の生産的なメンバーであるために人々は働いた。仕事を愛すること、ひいては好きな仕事をすることはキャリアの優先事項ではなかったのだ。

ところが、ボレスの考えは違った。「神はそれぞれにとって魅力的な場所や環境を用意している。仕事は、地上で活かすべく授かった才能を発揮できる場なのだ」と彼は著作に綴っている。[3]彼によると仕事探しの最初のステップはわくわくする活動を見つけることにある。「この世での使命と人生をかけられる仕事が重要だと父はいつも言っていた」と、ボレスの息子のゲーリーは話す。

もともとボレスの著書はコピー用紙をまとめた冊子でしかなく、それをベイエリア（サンフランシスコ）の自宅アパートで5ドルで販売していた。初版はわずか100部だったが[4]、これまでに1000万部以上を売り上げている。20以上の言語に翻訳され、世界中で読まれるビジネス書となった。さらには「自分だけのスキルを活用できて、やりがいを感じられる仕事を探そう」という考えは、いまや誰もが知る普遍的なキャリアアドバイスとなったのである。

仕事と個人の幸せを結び付けたのは画期的なことだった。『パラシュート』の初版には「理想の仕事」という表現こそ出てこないが、この本は世界中の労働者たちが自分のやりたい仕事を探すのを後押しした。労働者が自己実現のできる仕事を求め始めたのを受け、会社側もそのような仕事を提供できるように急速に変化した。そうして労働者は安定性や安全性以上に、愛とやりがいを仕事に求めるようになっていったのである。

『パラシュート』の出版から50年経った現在、書籍に「理想の仕事」という言葉が登場する回数は1万％以上も増えたことからもこの変化が窺《うかが》える[5]。

仕事主義者にとっての神は「理想の仕事」である。しかし、仕事が常に理想に応えるものであるという期待には負の側面もある。「〝どこかにある理想の仕事が見つかるまで探すのをやめないこと〟という教えは、精神的・肉体的な疲労への道標だ」とデレク・トンプソンは書いた[6]。「賞品はあまりに魅力的だが、手に入れるのが非常に難しい悪魔的なゲーム。それも、勝てる者がほとんどいないにもかかわらず、ずっと参加しなければならないと人々に思い込ませている」

夢は図書館司書になること

フォバジ・エターが将来やりたいことを決めたのは15歳の時だった。ニュージャージー州フォートリーの高校の図書館で、返却待ちの本の中にあった短編集に目が留まった。フォバジは熱心な読書家だったが、大好きなSF以外の分野の小説を手に取ることはあまりなかった。とはいえ、時間があったので、ブルース・コービルによる『Am I Blue?（僕は青い?）』（未訳）という短編小説を読んでみることにした。

物語の主人公はビンスという名の16歳の少年で、自身の性的指向に悩んでいる。すると妖精が現れ、魔法の杖でビンスのまぶたに軽く触れると性的マイノリティの人たちがさまざまな濃淡の青色で見えるようになった。ビンスが目を開くと警官や農民、教師、兵士、親、子どもたちがさまざまな青色で映った。そこで初めて、自分だけがこうした性的指向をもっているのではないことを知る。

フォバジはこの話に胸を打たれた。「その時までこんな悩みを抱えているのは自分だけだって本気で思っていた」と話す。しかし、この本によってクィア（性的マイノリティや、既存のカテゴリーにあてはまらない人たち）であることが「地獄に落ちる恐ろしいタブーなどではなく、人のひとつの側面にすぎない」ことを認識できたのだという。

『Am I Blue?（僕は青い？）』はフォバジにとってクィア文学の世界、そして図書館司書が学校で果たしている役割に興味を持つきっかけとなった。初めてコンドームを買う10代のように恐る恐る、フォバジは毎週新しい本を借りるために図書館の貸し出しカウンターに並んだ。図書館員たちが気に留める様子はなかった。むしろクィアな主人公が登場するナンシー・ガーデンの『Annie on My Mind（アニーへの想い）』（未訳）やジュリー・アン・ピーターズの『Keeping You a Secret（あなたのことは秘密）』（未訳）などの小説をすすめて、フォバジの読書を後押ししたのである。

「当時、大人にひと言でも揶揄《やゆ》されるようなことを言われたのなら、その後10年間は部屋に閉じこもっていたと思う」と、フォバジは話す。学校の図書館員たちが背中を押してくれたように、フォバジもまた誰かの自分らしさを見つける手助けがしたいと思った。そして将来は絶対に学校の図書館司書になろう、そのためならなんでもしようと決めた。

スティーブ・ジョブズの残した言葉は本当か

子どもの頃に「大きくなったら何になりたい？」と尋ねられた瞬間から、人々はそれがまるで人生の究極の目標であるかのように理想の仕事を探し求める。

「愛するものを見つけなさい」と、2005年のスタンフォード大学の卒業式典での有名なスピーチでスティーブ・ジョブズは語った。「まだ見つかっていないなら探し続けなさい、妥協してはいけない」と。[7]

しかし、やりたいことを探し続けよというありふれたアドバイスは正しくない。ときには有害でさえある。好きな仕事を見つけた人にとっても、それが理想的なものであり続けるという期待は失望への第一歩だ。アーティストのアダム・J・カーツは著作『Work/Life Balance（ワークライフバランス）』（未訳）でこう表現している。[8]

「愛することを仕事にすれば、1日たりとも働かずに済む」という格言の後半を変え、「愛することを仕事にすれば、仕事とプライベートの分別や境もなく絶えずハードに働きまくり、仕事のすべての出来事を極めて深刻に受け取ることになる」

今の社会は天職を見つけられていない人、つまり、給料をもらっている仕事を愛せていない人をあたかも正しい道から外れてしまったかのような目で見る。「偉大な仕事を成し遂げる唯一の道は、仕事を愛することだ」とジョブズは言っていた。インスタグラムやリンクトインも「人生は、夢を追いかけずにいるには短すぎる」といった格言で溢れている。

しかし、好きな仕事をすべきという考え方は、仕事の理想をどんどん高くする。そしてそれはどの仕事にも内在する問題や退屈な部分から人々の目をそらさせ、企業側が労働者の足元を見て本来よりも低い条件で就業することを強要する環境をつくり出すのである。

憧れの仕事の理想と現実

図書館司書としてフルタイムの仕事に就くには、司書や情報科学の修士号が必要な場合が多い。大学院で2年間学ぶには数万ドルの費用がかかる。従って、フォバジのような図書館司書の志望者の多くは、奨学金という借金を抱えた状態で働き始めることになる。それでも多くの司書は、毎日、本に囲まれながら働けるなら、そのリスクを負う価値があると考えている。「司書はなるものではなくて、生まれ付くものよ」と話を聞かせてもらったある図書館司書は話していた。

デラウェア大学を卒業した後、フォバジはラトガース大学の大学院へと進んだ。そこで初めて「業界の集団妄想」に触れたとフォバジは話す。授業では図書館はすべての人に開かれ、利用できるようにするという理念の基に運営されていると学び、教授たちは図書館のことを「最後の真の民主的な機関」と呼んでいた。[9] しかし、こうした理想論は、フォバジの研究や経験と必ずしも一致するものではなかったのだ。

図書館は包括性を誇りとしているが、実際の現場にはそれが欠けている。ラトガース大学は米国の大学でも民族的に多様な方ではあるが、40人のクラスにはアフリカ系であるフォバジを含め有色人種は2人しかいなかった。また、アフリカ系アメリカ人による公民権運動が起きた195

0年から1960年代、南部の図書館がすべての人に門戸を開けるのではなく閉鎖を選んだという事実をフォバジが知ったのは学外でのことだ。こうしたことは大学院のカリキュラムからは都合よく省かれていた。

加えて、特定の市民の入館を防ぐために差別的なID規則を敷いている図書館のことも伏せられていた。図書館は常に業界が主張しているような民主的な機関ではなかったが、それを指摘する人もいなかったのである。「どの業界でも現実と理想に隔たりがある。おまけに、理想の姿を語り続けるために、その裏にある醜い事実はなかったことにされるのよ」とフォバジは話す。

大学院を卒業して最初に就いた仕事でも業界の問題点を垣間見た。フォバジの上司は「金を稼ぐために司書になる人はいない」と言った。また職員の中で唯一、フォバジ以外の有色人種であるアジア系の女性について「ダイバーシティ採用でいるだけ」と冷たく言う同僚もいた。大学院卒業後、実家に一時的に住んでいた頃にはこんなこともあった。地元の図書館で貸し出しカードをつくろうとしたところ、フォバジがその地域の住人には思えないという理由で登録を拒否されたのだ。

また、図書館の職場環境は多様性がなく、長い時間外労働と低賃金が横行していた。米国労働省労働統計局のデータによると、修士号を持つ図書館司書の給与の中央値は1時間当たり30ドル未満（約4350円、以下1ドル145円換算）である。[10] さらに司書の5人に4人は白人だ。[11]

図書館に抱いていたイメージとその実態に大きな差を感じた。なぜ司書としての仕事は、大学院の教授たちが「包括性の模範」と呼ぶ組織の仕事の説明とこれほど違うのだろう。それでも図書館司書という理想の仕事のひび割れを見るたびに、フォバジは図書館で緊張しながら初めて本を借りたときの気持ちを思い出して自分を奮い立たせた。図書館はフォバジが独りでないことを教えてくれた。この体験を多くの人にも経験してもらいたい。この仕事を愛している。少なくとも、そう自分に言い聞かせた。

しかし、時間とともに「すべての人に開かれている」とする業界の偽善は耐え難いものになっていった。

いつから人は仕事にやりがいを求めるようになったのか

今でこそ「やりたいことを仕事にすべき」というアドバイスはありきたりなものに聞こえるが、以前からそうだったわけではない。「やりがいのある仕事」が主流の考えとなったのは50年前、つまり『パラシュート』が出版された頃からなのである。[12] それ以前は、仕事と幸福は別物だった。幸せは天国に行ってからか、少なくとも勤務時間後に享受するものだったのだ。

20世紀の大半においては、フォーディスト（主にフォード・モーター・カンパニーのような製造業）と労働者の取り決めが、労働者と仕事との関係を定義した。フォードの従業員は週5日、1日8時間働くことと引き換えに十分な給料と健康保険、いくらかの休暇、退職金制度を手にしたのである。こうした条件は1941年にフォードが全米自動車労働組合と初めて労働協定を締結したときに成文化された[13]。

人々にとって仕事は義務となり、労働と娯楽は分けられた。そしてこの取り決めは、少なくとも好景気の間は機能した。ところが、第二次世界大戦後の好景気の時代が終わると、経営者はコスト削減の方法を探し始め、やがて労働者がそのしわ寄せを受けることとなる。企業が仕事を海外に移転させると国内の賃金は停滞し始め、フォーディズム時代の雇用の安定性と福利厚生は失われたのだ。

1970年代以降、実質賃金（インフレ調整後の労働者に支払われるドルの価値）はほとんど上昇していない[14]。「現金での報酬はもはや仕事の動機づけの最も重要な要素ではなくなった」と、ニューヨーク証券取引所の会長だったウィリアム・バッテンは1979年、ペンシルベニア大学ウォートン校での講演で語っている[15]。

「だからこそ経営陣は労働者の仕事の満足感につながる、より捉えづらいあいまいな要素について理解する必要がある」

つまり、経営陣には従業員の満足度を保つ新しい何かが必要ということだ。

そしてそれはすぐに見つかる。

後で深掘りするが、職場を社会活動と個人の成長の中心地として職場をブランディングするトレンドを牽引したのは、コダックやＩＢＭのような巨大企業である。そうして20世紀後半、多く

「やりがいのある仕事」という表現の書籍登場頻度

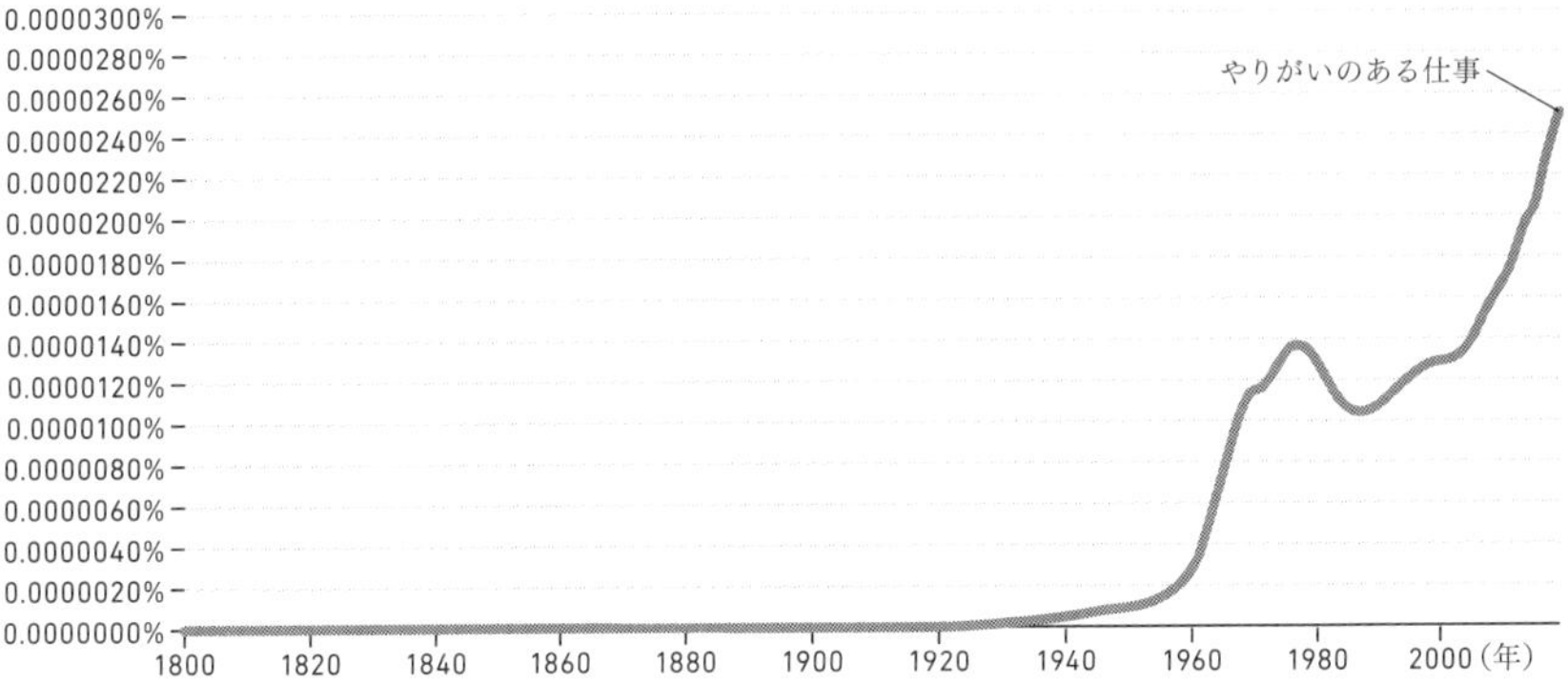

の米国人労働者にとって仕事で重要なものは雇用の安定性、職場の安全性、社員の組織化による交渉力から、柔軟な働き方、個人の裁量、やりがいに変わっていった。

仕事の役割を変えたのは雇用側だけではない。『パラシュート』のような本の影響で、労働者たちが求めるものも変わった。例えば、1962年の調査では、キャリアでの成功において「やりがいのある仕事」が重要だと回答した人は全体の6％だった。20年後にはこの割合は49％にもなっている。[16] 今では10人中9人が、もっとやりがいのある仕事ができるなら、給料は多少減っても構わないと考えているのだ。[17]

「人々にとって好きな仕事をすることが重要になっている」と、労働ジャーナリストのサラ・ジャッフェは著作、『Work Won't Love You Back（仕事はあなたを愛し返さない）』（未訳）に書いている。[18]「そもそも人はなぜ働くのかというと生活費を稼ぐためだ。これを念頭においたのなら、こんなにも働いているのに、これだけしか報酬をもらえないのはなぜなのかと思うだろう」

「神聖な務め」という名のやりがい搾取

毎年開催される米国図書館協会のカンファレンスは図書館司書にとっては聖地のようなもので、毎年約2万人が会場へと足を運ぶ。２０１７年にシカゴで開催されたカンファレンスに参加したフォバジは学校の図書館にまつわるパネルディスカッションを聴いていた。パネリストのひとりが「図書館員の仕事は『神聖な務め』である」と発言したとき、フォバジは身構えた。「神聖な務め」がどんなものかはよく知っている。彼女の母は長老派教会の牧師だったのだ。「図書館司書という仕事を〝神聖〟という言葉で表すのは、おかしいと思う」とフォバジは話す。「この仕事にはたくさんの問題があるのに、神聖で気高いなんてどうして言えるんだろう」

人々の「好きな仕事」を提供する職場では、劣悪な環境が見直されず放置されがちである。図書館の業務が「神聖な務め」であるという考えは、長時間労働で睡眠不足の医療従事者に「患者を最優先に」と発破をかけたり、人員や予算が足りていない教師に「あるものでやりくりして」と強要したり、無給にもかかわらず「経験のため」にインターンシップを受けることを大学生に勧めたりするのと同じ考えが根底にある。

本質的に仕事が「善」と思われている分野では、職場で権力を持つ人たちは職場の問題を業界の構造に由来するものではなく、個別の問題とみなす傾向がある。もっとも、それは従業員が何らかの問題を指摘できればの話だ。フォバジはこれを「職業的畏怖」と表現し、図書館員の間にその意識がどれだけ浸透しているかについての論文を書いている。

この論文でフォバジは「職業的畏怖」を、図書館の業務などを「本質的に善で神聖な仕事と捉え、批評の対象にすべきではないという考え」と定義している。言い換えれば業界のハロー効果により、そこに存在する問題を直視し、対処することから人々の目を背けさせているということだ。そして低賃金や人種差別、性差別といった職場の問題は、組織の構造の問題ではなく、個別の問題として位置付けられてしまうのである。

同時にこうした職場では、仕事の評価は労働者がどれだけその仕事に情熱を持って取り組んでいるかに結び付けられることが多い。「職業的畏怖の問題は、仕事の評価が重要な業務をこなせているかどうかではなく、その人がどれだけ熱心（あるいは熱心でないか）に仕事に取り組んでいるかに紐付られてしまうことだ」とフォバジは書いている。[19]「優れた図書館司書の指標は苦労や自己犠牲、献身と結びついており、その度合いが強い仕事（と組織）ほど『神聖』であると見なされる」

フォバジがこの論文を小さな学術雑誌に掲載したのは2018年1月のことだが、瞬く間に話題を呼び、図書館以外の分野にも広がっていった。その年の終わり頃になると、フォバジは図書館学のカンファレンスでの登壇や大学での講演を頼まれるようになったのである。

教師からシェフ、救急医、アーティストまで何百人もの人がフォバジに連絡を取り、自分たちの職業に存在する「職業的畏怖」を共有した。特に、非営利団体や公共セクターなど社会善と見られる業界での反響が大きかったという。こうした産業では、その仕事に従事すること自体が報酬の一環と見なされることが多い。

動物園の飼育員は「職業的畏怖」をよく表している。図書館司書と同じように、飼育員の賃金は低く、労働時間は長い。飼育員の多くは大学卒だが、平均的な年収は4万ドル（約580万円）以下である。[20] 仕事は体力勝負で文字通り糞《フン》を清掃する汚れ仕事だ。また、この仕事に従事する人の多くが若い頃から飼育員の仕事を天職と考えてきた。

組織行動の研究者であるジェフリー・A・トンプソンとJ・スチュアート・バンダーソンは、数百人の飼育員の仕事との関係性について調査している。[21] その結果、飼育員は天職に従事することと引き換えに、犠牲を払っていることが明らかになった。

「仕事が天職であるという感覚は飼育員と仕事との関係を複雑にしている。職業的なアイデンティティ、大きなやりがい、仕事の重要性を感じる一方で、多大な責任、自己犠牲、過度のストレスを強いられている」と研究者は指摘している。

多くの飼育員は仕事を自分の使命と捉えていた。前章で説明した、仕事は神の思し召しとするカルバン主義の思想と同じである。だからこそ、こうした人たちにとって転職は職業選択以上のものとなっている。転職は「自身の能力や才能を求められている仕事を無責任に投げ出すことと同義なのだ」と研究者たちは書いている。ゆえに飼育員は搾取されやすい。飼育員に限らず、どの業界でも「やりたい仕事」が、低賃金や不利な福利厚生、劣悪な労働条件を正当化する理由に使われている。

ジャーナリストのアン・ヘレン・ピーターソンは著作『Can't Even: How Millennials Became the Burnout Generation（もうダメ：ミレニアル世代がどのようにして燃え尽き世代となったか）』（未訳）で指摘しているように、[22]「〝やりがい〟という言葉で労働を包むことで、その作業がただ単に仕事であり、人生のすべてではないということから人々の目を背けさせている」のである。

やりがいと引き換えに手に入るものとは

仕事はまず何よりも経済的な関係である。フォバジが論文で指摘しているように、仕事をそれ以上のやりがいを得られる活動や「神聖な務め」として扱うと、職場の問題を指摘したり、対処したりするのが難しくなる。仕事を集団ではなく、個々の取り組みとして捉えるようになったこの半世紀において、こうした思想はさらに広まった。人々が仕事を生活費を稼ぐ手段から、充実感を得る活動と捉えるようになったのは、労働市場のトレンドの影響もある。

過去50年間でＧＤＰは増加しているが、賃金は停滞している。

実は増えた利益の大部分はCEOの懐に入っているのだ。1965年におけるCEOの給与は平均的な従業員の20倍だった。ところが2015年には200倍以上にもなっている。[23]

「仕事を愛しているなら、それは〝労働〟ではない」と、世界でも有数の投資会社であるカーライル・グループで共同CEOを務めるデイビッド・M・ルービンスタインはCNBCの取材に語っている。[24] 大半の利益が自分のものになるのだから、労働者はお金以外のもののために働くべきだと会社のトップが広めるのは当然だろう。

さらに製造業といった伝統的に労働組合が存在する業界の仕事は減少し、テック業界といった伝統的に労働組合がない業界の仕事が増加している。この業界では雇用者が「世界を変えよう！」「人生最高の仕事をしよう！」といったやりがいを訴える言葉で労働者を惹きつけているのをよく見かける。

とはいえ、やりがいがある仕事を探すのはそんなに悪いことだろうか？

もちろん、自分の仕事を愛し、バランスの取れた幸せな人生を送っている人も多い。しかし、仕事への愛とやりがいが、労働者に適切な賃金、適切な労働時間、適切な福利厚生を提供しないことの免罪符に使われているなら問題だ。これは、出版やファッションのような文化の面で魅力的な業界では特に顕著である。こうした業界では「あなたがいなくなっても、代わりに仕事を喜んで引き受ける人が大勢いる」という文句が頻繁に使われる。無給のインターンから終身雇用の夢にすがる非常勤講師まで、やりがいを追い求めることで弱い労働者は搾取されやすくなっているのだ。

「全員が同じセーフティーネットがある状態で、好きなことを有益な雇用に結びつけられるわけではない」と、仕事の充実感について研究している社会学者のエリン・セックは語る。「人々に好きなことを追求するように言うのなら、それができるだけの平等な舞台を用意しなければならない。それができないのなら、不平等を増長させるだけだ」

教育や看護のように「お金のために働いているわけではない」ことが労働者に期待される職業では、性別や人種に基づく賃金の格差が広がっている。また、これらは歴史的に主に女性が担ってきた仕事が多く、そのため過小評価される傾向にあることも留意する必要がある。２０２１年の調査によると、同等の資格を持つ男性の賃金１ドル（１４５円）に対し、女性の賃金は83セント（１２０円）だった。[25] 性別による賃金格差は、有色人種の場合にはさらに広がる。全米女性司法支援センターのデータによると、一般的にアフリカ系女性は、ヒスパニックではない男性の同僚の１ドルに対して63セント（91円）しかもらえていない。[26]

こうなった原因の一部は「人々が理想の仕事を追い続けたことにある」と、セッチは語る。人々が「やりがい」を基準に仕事を選んでいるなら、賃金の格差は構造的な不平等ではなく、個々の選択の結果ということになる。このような「個人への責任の転嫁」が前提にあると、所得格差は制度改革でなくすべきものではなく、それぞれが一生懸命働くだけで克服できるものという考えになるのだ。

そもそも、好きなことを仕事にして生活できる人は稀である。例えば、ジャーナリズム業界では、未経験でもできるインターンシップやエントリーレベルの仕事の給料は生活できないほど低いことがある。従って、こうしたポジションを受け入れられる若いジャーナリストは、例えば、親が家賃を補填してくれるなど、薄給という条件に耐えられる人に限定されてしまう。好きなことを仕事にできるのは、それに伴うリスクを引き受けられる人だけというわけだ。つまり、ピーターソンが前出の著書『もうダメ』で主張するように「大抵の場合、仕事への情熱は薄給を受け入れることにつながる」のである。[27]

労働者がやりがいのある仕事を求めると同時に、雇用者も熱意のある労働者を求めている。スターバックスからゴールドマン・サックスまで、質の高い仕事をするのに必ずしも熱意が必要ではないにもかかわらず、雇用者はますます熱意のある従業員を採用しようとしていることをセッチは明らかにした。「バリスタの1日の仕事はコーヒーを提供することです。従って、従業員に熱意を持って仕事に取り組むことを期待するのは、コーヒーを提供するという中核の業務を超える労働を求めることと同じです」とセッチは説明する。

また、とあるホテルチェーンの従業員が「こんにちは、私の名前は○○です。私は○○に情熱を注いでいます」という名札の空欄を埋めて着用することを強制された例をセッチは引き合いに出す。このようなことを表明するのは、「笑顔でのサービス提供」を求めることと同じである。労働者は、自分の仕事に情熱を注ぐだけでなく、それを世界に向けて表明することまで求められているのだ。

〝理想の仕事〟幻想を捨ててみた

新型コロナウイルスのパンデミックの間、多くの職場は労働者を限界まで追い込んだ。看護師はシフトを増やすよう言われ、教育者はオンライン授業に対応するよう迫られ、レストランの従業員は自身の健康を危険に晒すよう求められた。労働者は「ヒーロー」や「エッセンシャルワーカー（不可欠な存在）」と称えられたものの、補償がなされたり、報酬が上乗せされたりすることはほとんどなかった。

図書館司書も例外ではない。多くの図書館員は安全を確保できるよう懇願したが、職員はエッセンシャルワーカーと見られ、聞き入れられることはなかった。全米の図書館員は行政に対して図書館の閉鎖を訴えたり、不満をSNSに投稿したりした。「シカゴ公立図書館のスタッフは困惑し、落胆し、呆然としている」と休館しないという行政の決定に対して、同図書館に勤めるエイミー・ディーゲルマンは投稿した。「職員はみな怖がって、怒っています[28]」

フォバジが働くニュージャージー州の図書館は休館しないだけでなく、州知事の行政命令で休館を余儀なくされるまで開館時間を延長していた。[29] 休館命令が出るまで健康面で懸念があるフォバジは在宅勤務を許されたが、ほかの図書館の職員や清掃スタッフは引き続き出勤を求められていた。

公共サービスである図書館の職員の一部は他のエッセンシャルワーカーの支援のためにフードバンクのスタッフやベビーシッターとして派遣された。さらに全米の何千人もの図書館員が休職させられたり、解雇されたりした。

一方で、業界の体質を批判するフォバジの活動に対する需要は高まっていた。「職業的畏怖」についての講演依頼が全米中から届いたのだ。しかし、自分のキャリアは飛躍的に発展する一方で多くの同僚は職場を去っている。パンデミックの間、図書館や病院、学校といった機関は、仕事の神聖さを盾に職員の搾取を正当化していることは明らかだった。

大学や図書館協会がフォバジのような人物に講演を依頼することは（フォバジは実際引き受けている）、長時間労働で悪名高い投資銀行がワークライフバランスの専門家を社内啓蒙のために呼ぶのと同じである。権力者が、そこで語られる内容を支持する施策を実行しない限り状況はよくならない。

ある時、他の多くの活動家も直面する岐路に立っていることをフォバジは認識した。業界の内側から変化を推進し続けることに時間を使うべきか、それとも一歩引いて「職業的畏怖」の問題をもっと広く啓蒙すべきか——。

過去に例を見ないこの大失業の期間に図書館司書を続けられることをフォバジは感謝していた。司書になるために10年以上も勉強に励んできたのだ。それに彼女の仕事は終身雇用が保証されたもので、同僚の多くが手に入れられない安定的な仕事だった。だが、フォバジは自分の信念を行動で裏付けたいと思った。

そうして彼女が上司に辞職のメールを送ったのは2020年12月31日のことである。辞めたのははただの仕事ではない。憧れの仕事であり、図書館司書としてのキャリアだった。

「職業的畏怖が危険な理由は、仕事にやりがいを感じ、それが天職だと思っている労働者の気持ちを利用するから」とフォバジは語る。「この手の組織は、今いる労働者が去っても、この仕事をやりたい別の労働者をすぐに雇えることを前提にしているの」

フォバジは現在大学に戻り、図書館情報学の教授になるために勉強している。実践者としてではなく、学者として図書館改革を推進したいと考えているのだ。

学界もまた職業的畏怖が強い分野であることをフォバジは理解している。「知識の追求」という高尚な使命と終身雇用の約束が、不公平な労働条件を正当化する言い訳に使われているのだ。この文章を書いている今現在も全国の大学院生はより高い賃金、医療保険の拡大、手頃な価格の住宅の提供を求めてストライキを行っている。

フォバジはこの新しいキャリアで問題に直面しないとは思っていない。それでも、「もう仕事に理想を抱いていないわ」とフォバジは語る。「目を見開いて、進みます」

第 **4** 章

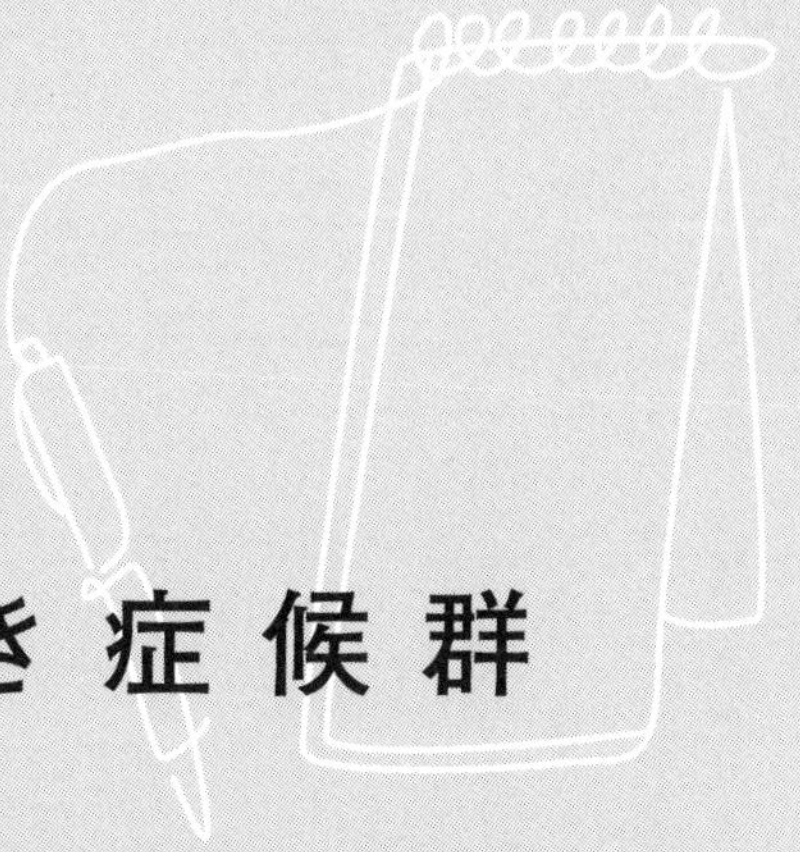

さらば、燃え尽き症候群

人間の価値は仕事で決まる?!

過去に戻って自分に何か伝えられるのなら、私のアーティストとしての価値は
どれだけの作品を生み出しているかで測れるものではないと伝えます。
そのような考え方は資本主義的です。アーティストであるということは、
アートをつくる過程で、たとえそれがひとり、それも自分自身だけだったとしても、
他者の人生にどのような影響を与えるかが重要なのです[1]。

アマンダ・ゴーマン（詩人・活動家）

カリフォルニア州バークレー高校の新聞部の生徒は毎週月曜日の午後、学生新聞「ジャケット」に掲載する記事について話し合うために広い教室に集まる。1999年の秋、どの学生もジャンスポーツのバックパックに、スケッチャーズのスニーカー、プカシェルのネックレスを身に着けていた。16歳のメーガン・グリーンウェルもそのうちのひとりだ。高校1年生のメーガンは新聞部に入部したばかりで、人生で2本目となる記事の執筆に臨もうとしていた。

学生編集者たちは月曜日の会議で記事のネタを黒板に書き出し、担当者を割り振る。新しい学年がはじまったばかりのある月曜日、新聞部では「サンフランシスコ・クロニクル」紙が週末に報じたニュースが話題になっていた。シータ・ベミレディと特定された17歳の少女が一酸化炭素中毒で亡くなったという。「その時はそれほど重要な話だとは思っていなかった」と、新聞部の顧問であるリック・エアーズは振り返る。犠牲者がバークレー高校の生徒たちと同年代であること、さらには住んでいたのが学校からわずか2ブロック先の地区ということだったので、メーガンは調査を名乗り出た。

メーガンが最初に立ち寄ったのは学籍を管理する学校の事務所である。バークレー高校はこの地域で唯一の公立高校であるため、近くに住む10代の若者のほとんどがここに通っている。学校から数ブロックのところに住んでいるならなおさら在籍している可能性は高い。しかし、調べてもベミレディの記録はなかった。妙だとメーガンは思った。

仲間の学生記者である17歳のイリアナ・モンタウクと一緒に、メーガンは取材を開始した。犠牲者はインド人であることはわかっていたので、若い2人はアジア系の生徒や教員に話を聞いた。ベミレディを個人的に知っている人はいなかったが、教師のひとりはもしかするとベミレディは米国への渡航の見返りに年季奉公させられていたのではないかと話した。これは当時のカリフォルニアの南アジア系の移民コミュニティの間で知られた問題だった。

2週間、徹底的に取材をした。授業を度々抜けては調査を進め、メディアに強い弁護士とも協議を重ねた。すると想像していた以上の事件の全貌が明らかになった。

62歳のラキレディ・バリ・レディは不動産業を営む有力者だ。被害者は彼の会社の従業員でかつ、彼から部屋も借りていた。そして調査の結果、レディは被害女性を含む少女たちを奴隷にし、売春斡旋をしていたことが判明したのである。レディはインドの社会階級の最下位に位置する若い女性たちに快適な生活を保証すると言って米国に来るよう唆し、到着すると抑圧的な条件下で働かせていた。

「ジャケット」にメーガンの記事が掲載されたのは1999年12月10日の金曜日のことだ。[2] 見出しは「若いインド移民、バークレーのアパートで死亡」。副題は「南アジア系移民のコミュニティによると『年季奉公』が原因か」と続いた。1カ月後、連邦検察官はレディと彼の息子を人身売買、違法移民の雇用、売春斡旋の容疑で起訴した。レディは裁判で連邦刑務所に8年間服役することを言い渡されている。

多くのジャーナリストは生涯をかけてこのような影響力のある記事を世に送り出そうとする。

メーガンはたった16歳、しかも人生2本目の記事でそれを達成した。「ピープル」誌はメーガンを「高校生版ロイス・レイン（訳注：スパイダーマンに登場する女性記者）」と称え、[3]朝の情報番組「グッド・モーニング・アメリカ」にゲストとして呼ばれた。さらには米国プロフェッショナル・ジャーナリスト協会の地元の支部は「ジャーナリスト・オブ・ザ・イヤー」賞をメーガンに授与したのだ。

メーガンはこの出来事で多くの称賛を浴びたが、それ以上に彼女のアイデンティティへの影響が大きかった。この出来事は彼女をジャーナリストにした。「それ以降、ジャーナリスト以外の仕事をするなんてありえないと思った」とメーガンは話す。「そして、絶対に最高のジャーナリストになろうと思ったの」

その意味でメーガンは成功している。進学したコロンビア大学では大学新聞の編集長を務め、卒業後は「ワシントン・ポスト」紙に就職した。23歳でバグダッドに派遣され、イラク戦争を取材する。２００８年にピューリッツァー賞を受賞した、バージニア工科大学銃乱射事件を報道した取材班の一員でもあった。

敏腕編集長はなぜ燃え尽きたのか

「ワシントン・ポスト」を去った後は「グッド」誌、「ＥＳＰＮマガジン」、「ニューヨーク・マガジン」で記事の執筆や編集に関わった後、人気のスポーツブログ「デッドスピン」で初の女性編集長となった。「とても怖いしストレスも多いけれど、それを含めて好きなのです」と、メーガンはデッドスピンの仕事を引き受けた数カ月後に出演したポッドキャスト「ロングフォーム」で話している。[4]「ストレスさえも活力になります」

ところが、楽しい気分は長くは続かなかった。メーガンが編集長になってから14カ月後、デッドスピンの親会社であるG／Oメディアは、グレイト・ヒル・パートナーズというプライベートエクイティ企業によって買収されたのである。それから2週間も経たず、25人の従業員がデッドスピンの新しい経営陣によって解雇された。新たなドレスコードと、従業員が自分のデスクにいなければならない時間の規則が定められた。さらにメーガンをはじめ数名の女性リーダーの役職は白人男性に取って代わられた。[5]

一任されていたニュースルームが新しい経営陣に壊されるのを見てメーガンは落胆した。「デジタルメディアの悲劇は冷徹に利益を追求する、体形に合わないスーツを着た男たちによって運営されることではない。元からいる従業員の方が、専門家として振る舞っている人たちよりも稼ぐ方法を知っているのに、そうした人たちの声に聞く耳を持たないことだ」と、会社を辞めた後に書かれた辛辣なエッセイに綴られている。[6]

デッドスピンを去った後、2019年夏、メーガンはコンデナスト社のテック系メディアである「ワイアード」ウェブ版の筆頭編集者として雇われた。メーガンにとっては6つ目の理想の仕事だった。しかし、編集部の重要な役職に就いても、なんとなく違和感があった。特に長時間働いていたわけではない。少なくとも、これまでの仕事よりは長くなかった。

しかし、自宅に帰ると「中身のない抜け殻」のように感じた。このような状態になったのは、長時間労働が直接的な理由ではないとメーガンは言う。「仕事をしていないときも仕事モードからうまく切り替えられなかったのが原因だと思う」

2020年末、「ワイアード」編集長のニコラス・トンプソンが「アトランティック」誌のCEOになるために去った。会社が新たな編集長を探している間、メーガンは編集長代理に就任する。メーガン自身も編集長候補だったが、心の隅では会社がその仕事を自分にオファーすることを恐れていた。

メーガンは燃え尽きていたのだ。長い会議の後に記事を編集する時間は心躍るものではなくなっていた。仕事のストレスで悪夢にうなされることもあった。医者で公衆衛生の研究者でもあり仕事主義者《ワーキスト》の夫も心配している。

さらにこの頃、父親が腎臓病と診断された。新型コロナウイルスの脅威が世界中で広まっていた時期でもある。こうした出来事が重なったこともあり、「ワイアード」の仕事を引き受けてから1年も経っていなかったが、メーガンは仕事から離れることを決めた。2021年4月のことだった。

メーガンは「ワイアード」の同僚とコンデナストの上司にメールを送った。コンデナストの最高コンテンツ責任者で名の知れた編集者であるアナ・ウィンターは、留まってもらうために何かできることはないかとメーガンに尋ねた。メーガンはうれしく思ったが、給与や役職をよくしてもらったところで、この倦怠感は払拭できないとわかっていた。ウィンターの申し出は丁重に断った。男性が支配的な競争の激しい業界で頂点まで上り詰めたメーガンが競争から降りたのは37歳の時だった。

辞めること自体は簡単で、難しいのは働いていない自分を認めることだ、とメーガンは言う。この20年間、彼女の頭の片隅にはいつも次に書く記事のことがあった。彼女の人生は仕事のスケジュールによって決められていた。締め切りから次の締め切りへと走り続ける生活だった。友人の多くもジャーナリストだ。仕事以外の時間もプリンストン・サマー・ジャーナリズム・プログラムのディレクターとしてボランティア活動をした。これは低所得層の高校生を対象としたジャーナリズムの集中講座である。彼女にとってジャーナリズムは生計を立てる手段だけでなく、人生そのものだった。

「仕事が私のすべてだった。だから、仕事を辞めてからの時間は想像以上につらかった」と、「ワイアード」を辞めて数週間後に話をした時、メーガンはこう心情を吐露した。

「自分が誰なのかわからなくて、今は手探り状態なの」

対人関係の境界が曖昧になる状態を心理学者は「纏綿《てんめん》（enmeshment）」と呼んでいる。個人の境界がゆるく、不明確であるため、自立した自己を確立しづらい状態のことだ。親に認められることが一番重要と思っている子どもや、何かを決断する前に必ずパートナーに相談しなければならないほど互いに依存しているカップルはこの状態にある。

メーガンは多くの仕事熱心な社会人と同じように纏綿状態に陥っていた。ただし、一体化していたのは他者とではなく、キャリアと、である。

アイデンティティクライシス——自分をうまくアップデートできない

アイデンティティは生まれもったものではない。時間をかけて築くものだ。おそらく20世紀で最も有名な発達心理学者であるドイツの精神分析家のエリク・エリクソンは、人間の自己形成に関する多くの理論を提唱した。

エリクソンは、人間は一生を通じてアイデンティティを段階的に築くと考えた。思春期はアイデンティティが形成される重要なステージのひとつである。10代のアイデンティティは不安定だ。この時期に人間は肉体的に成長し、性的に成熟し、人生とキャリアにおいて重要な意思決定をする。こうした変化に対応するために人は自分のアイデンティティを確立していく。「このアイデンティティの感覚は、自己を連続性と同一性のあるものと感じることであり、すべての行動の土台となる」とエリクソンは、彼の著作で最も知られている『幼児期と社会』(みすず書房)で説明している。[7]

人は年を重ねながら、自己の土台となるアイデンティティを選び続ける。メーガンも例外ではない。

メーガンの父は床材業、母は窓装飾の専門業者として働いていた。両親は安定した仕事を求めて西海岸中を転々としていたので、メーガンと彼女の妹は、幼稚園から高校までに8つの学校に通った。メーガンは学生時代、さまざまな活動に没頭した。小学1、2年生の頃は全国規模の作文コンテストに参加するために力を注いだ。ミュージカル劇にも熱中した。中学2年生になるとフェンシングに没頭した。「見える成果と他人からの承認に強く駆り立てられていた」とメーガンは話す。だからこそ時間に追われ、競争が激しく、外的な評価が絶えず得られるジャーナリストという仕事を選ぶのは彼女にとって自然なことだった。

エリクソンの有名な研究に、第二次世界大戦から帰還した退役軍人に関する調査がある。兵士たちは退役すると自分の世界での立ち位置について再考しなければならない。何年もの間、彼らのアイデンティティは軍人だった。おまけに軍隊には指揮系統があり、役割とタスクも明確である。だから、これを急に失うと軍人たちはどうしていいかわからなくなってしまうのだ。エリクソンは、退役軍人が自己認識における重要な要素を失って、心が不安定になり不安を覚える状態を「アイデンティティクライシス」と呼んだ。

この本の執筆のために話を聞いた仕事熱心な社会人の多くも、アイデンティティクライシスを経験している。元プロサッカー選手のトラビス・カントレルは、愛するスポーツからの引退は、自分の一部の「電源を落とすような感覚だった」と言う。
映像プロデューサーのエズラ・フォックスは事業再編に伴い、7年間勤めた会社を解雇された。「人生では、自分自身について核となるような考えとは真逆のことが起こる。でも、この認識と現実のずれは簡単に受け入れられるものじゃない」とエズラは語る。

自分は成功しているとエズラは思っていた。学校ではよい成績を収め、仕事では昇進を重ねてきたことで、その認識は裏付けされているように感じていた。しかし、解雇宣告は、これに反することだ。「成功者」であるという自己認識と、仕事を失った自分とのずれに直面したのである。

人は自分の人生の物語の意味を見出すのは得意な一方で、変化に対応するのは苦手だと、社会科学者のアーサー・ブルックスは指摘する。[8] 退職やサバティカル（骨休め休暇）、または一斉解雇など、人は想定外のことに直面するとレジリエンスが試される。こうしたことに対処するには、古い自己認識を調整するか、場合によっては破棄しなければならない。だが、それは新たな自己認識をつくるチャンスでもある。

慢性疾患を持つ人たちは、自己認識を更新する効果をよく知っている。慢性疾患の患者は病状を予期したり、コントロールしたりすることが難しい。ある日はエネルギー満タンの状態で起きられても、次の日はベッドから抜け出すこともできないかもしれないのだ。こうした人たちの自分との向き合い方は、自分の価値を生産性と結び付けてしまいがちな人にとってヒントになるだろう。

リズ・アレンは慢性疾患を抱えている。リズは幼い頃から水泳を学び、やがて水泳選手になった。大学では水泳と水球の両方でディビジョンI（大学スポーツの最も高いレベル）の選手として競技に参加した。しかし、大学1年の夏の終わりにライム病を発症する。それまで1日4時間泳いでいたのが数カ月もすると、幼少期を過ごした実家のベッドから動けなくなっていた。母親にスプーンでスープを口に運んでもらわなければならないほど弱ってしまったのである。

しかしリズの健康状態はゆっくりと改善し、大学卒業後はコロラド州の中学校で理科の教師になった。仕事は好きだった。朝早く来て、夜遅くまで働けることに喜びを感じていた。ところが、教師になって3年目の年、長時間労働と授業のストレスは、彼女のすでに弱っていた免疫系の負担になっていた。教室に1日いることが難しくなり、リズは天職のように感じていた教師という仕事を辞めざるをえなかったのである。

自分の意思で仕事を辞めたメーガンとは異なり、リズに仕事を続ける選択肢はなかった。

「私のように、『私は○○である』というアイデンティティを一瞬のうちに失うと、前に進むのが怖くなる」とリズは語る。しかし彼女は諦めなかった。インターネットで、自分の存在を疾患に定義されることを否定する障害者のコミュニティを見つけた。そこでリズは生産性とは違うものに紐づく新しい「私は○○である」というアイデンティティを確立する方法を知る。「私は手助けを惜しまない、私は愛に満ちている、私は良い聞き役である」とリズは自分に言い聞かせた。生産性ではなく、元から備わっている自分らしさに目を向けたのだ。

「どん底まで落ちて、社会が期待する人間になれない、あるいは資本主義の原則に沿って生産したり、社会に貢献したりできないとき、周りを見回して『私に生きる価値はあるの？』と考えてしまうの」とリズは話す。しかし、障害者コミュニティの助けを借りて、リズは生産性以外で自分の柱になるものを見つけることができた。今後柱がひとつ崩れたとしても、自分を保つことができる。

最も米国らしい「私は○○です」の定義は、「私は価値を生み出す者」だろう。労働者は生産性で、企業は売上で、国の健全性はGDPで評価される。世間は「社会の生産的な一員」とされる人たちを称賛し、社会サービスに頼る人たちを「ただ乗り《フリーライダー》」と揶揄する。ただし、この価値観を人々に押し付けているのは国や雇用者だけではない。1人ひとりの個人も自分の価値を測るのに生産性という基準を使っている。多くの米国人は、この国の主要な経済システムである資本主義の価値を内面化してしまっているのだ。

労働者がここまで孤独になってしまった理由

12世紀から15世紀まで、欧州では封建制度が敷かれていた。地方では領主たちが農民に土地を貸し、農民たちはその土地で作物を育てて生活する。農民は領主に家賃を払ったら、収穫物の余りを売って生活費の足しにした。町の各産業は厳格な階層構造に基づくギルドに管理されていた。ギルドに入れるのは男性のみで、鍛冶屋やパン屋などを営む優れた職人だけがそこで商品を提供できた。

ギルドの目的のひとつは競争を最小限に抑えることである。ギルドが町のパン屋の数を制限している限り、供給が需要を超えることはなくパンの価格が下落することはない。

何世紀もの間、経済は各地域に限定され、他の地域との交易は稀だった。しかし、16世紀になるとこの状況は一変する。

1500年代初頭、商人資本家が登場した。商人たちは各地域で見つけた商品を安く購入し、それを欧州の貴族たちに高値で売ることで大きな利益を得た。彼らは職人たちと商品の購入を交渉し、最良の価格を求めて町から町へと旅をする。これにより職人たちは他の地域の職人と競うこととなった。すると商品価格は市場が決定するようになり、最終的にギルドは崩壊する。

当初、商人は生産者と消費者をつなぐだけの存在だったが、次第に商品の生産方法についても影響力を持つようになった。原材料を用意して職人に商品を発注し、その仕事に対して賃金を支払うようになったのである。商人たちは取引で利益を得るだけではなく、生産手段をコントロールすることで富を得るようになった。つまり、資本家となったのだ。これは労働者が自律性を失うことにつながった。会社に雇われたことがある人ならこれに心当たりがあるだろう。

商品の販売価格が固定され、顧客が地元の人に限定されていた時代、労働者は必要なものだけを生産し販売していた。ほとんどの仕事は屋外で行われていたことから1日の作業時間は太陽の動きで、1年の仕事の忙しさは季節によって決まった。

しかし、資本主義の世界では働き方を規定する権限は資本家にある。生産コストを下げれば下げるほど、得られる利益は大きくなる。これが、資本家が労働者に対して、より少ない報酬でより多くの仕事をするよう圧力をかける動機となった。労働者の多くは仕事に必要な設備を買えないので、賃金を支払ってくれる資本家に頼らざるをえない。こうして労働者の価値はその人が生産する物の価値で決まるようになっていったのである。

18～19世紀になると、それまでの手作業と農業を中心としていた経済は、技術進歩により工場と製造業が中心の経済へと移行する。労働者は市場や畑の代わりに、作業が反復的なタスクに分割されている工場の生産ラインで働くようになった。

経済学者のカール・マルクスによると、工業化が進んだ資本主義社会では、労働者は自身の生産物から切り離される。[9] 労働者は地元のために商品をつくるのではなく、どこか遠い地域に出荷される商品をつくるということだ。またこうした労働は労働者を自らの生産物だけでなく、自分のアイデンティティとそれを育てたコミュニティからも引き離し、疎外すると、マルクスは主張した。

現代の経済において、この切り離された疎外の感覚は「孤独感」として表れている。２０１７年、米国公衆衛生局の長官であるビビック・マーシーは「孤独」は公衆衛生上の危機であると言った。「文明史上最も技術的につながっている時代であるが、１９８０年代以降、孤独の割合は

2倍にもなっている」と、マーシーは「ハーバード・ビジネス・レビュー」に掲載された論文で説明している。[10]

米国人がこれほど孤独になったのにはいくつか要因がある。ひとつはメーガンの両親のように、多くの労働者がよりよい仕事を求めて故郷や地元のコミュニティから離れたことだ。そしてもうひとつは、人々の社会的・宗教的なグループへの参加が減少したことに伴い、マーシーも説明しているように、職場が多くの米国人にとって重要な交流の場となったことである。しかし、人生の複数の要素を満たすのに、ひとつの組織に依存することにはリスクがある。「仕事に多くのことを託しすぎていた」と、映像プロデューサーのフォックスは語る。「職場が社交の場で、生きがいで、自分や家族を養う手段だった。でも、その仕事は、誰かの一存で取り上げられてしまう可能性のあるものだったんだ」

個人的にもこの話には共感できる。僕もこれまで広告、テクノロジー、ジャーナリズム、デザイン業界で働いてきたが、どこも定時出勤・定時退社が定着している業界ではなかった。職場ではハッピーアワーが催され、勤務時間外にも返信を要する連絡が同僚から届いていた。そのすべてが悪いというわけではない。一緒に働く人たちとの交流を心から楽しんでいたし、友達もできた。

けれど、そうした仕事を通じて、仕事を自分のアイデンティティの中心に据える危険性にも気づいた。同僚としか交流がない期間が長くなると、仕事で厳しめの批評をひとつ受けただけで、大失敗したと重く捉えるようになっていたのである。また会社の業績が悪化したときに、仕事がアイデンティティのすべてになっている同僚たちが解雇されるのを目の当たりにした。利益を追求する組織に自分の運命を委ねるリスクはあまりにも高い。

一方で、従業員が仕事をアイデンティティにすることは雇用側にとっては好都合である。職業をアイデンティティにするほど従業員の定着率と生産性が上がり、労働時間が長くなることを多くの研究が証明している。[11]

「似た考えを持つ人に囲まれるコミュニティに参加すること、つまり自分よりも大きなものに属しているという感覚が一生懸命働いたり、もっと多くの時間を仕事に費やしたり、あるいは単純にその場を楽しんだりする原動力になる[12]」

ウィーワーク（WeWork）の共同創設者アダム・ニューマンは2017年に開催されたテック系イベント「テッククランチ・ディスラプト（TechCrunch Disrupt）」で観客にそう語っていた。

しかし、精神について研究するカスパー・ター・クイレはこうも話している。「あなたを解雇する権限を持つ人と、本当の意味で、同じコミュニティの一員になることはできない」

映像プロデューサーのフォックスが言うように、アイデンティティのすべてを仕事に託すのにはリスクが伴う。仕事で何かあったときに取り返しがつかなくなるのだ。

仕事以外の自分を育てる2つの方法

心理学者のジャンナ・コレッツは、ストレスの多いキャリアを歩んでいる人々を支援することを専門としている。近年ますます多くのクライアントが、仕事で生み出している価値こそ自分の人間としての価値であると思い込むようになっていると、コレッツは言う。

コレッツのクライアントには、メーガンのように完璧なキャリアを歩んできた人が多い。学校では優秀な成績を収め、キャリアでは上を目指すために一生懸命働いてきた。しかし、ある時「こんだけ頑張ってきた結果が、これ?」と疑問に思うのだ。彼らが漠然とした失望感を抱く理由は、社会人になってからの大部分の時間をキャリアの階段を上ることに集中してきたため、上る階段がなくなったときにどうしていいかわからなくなるからだ、とコレッツは話す。

これは、米国の労働文化におけるニワトリ卵問題を加速させる。人々は常に働いているので、働いていないときに何をしたらいいのかわからない。何をしたらいいかわからないから、さらに働いてしまうのだ。人々は週末を普段の生活の一部ではなく、切り離されたものとして捉えている。「充電期間」といった休暇を表す言葉ひとつとっても、仕事に戻ることが前提にあることがわかるだろう。

このループから脱出するおすすめの方法は2つあるとコレッツは言う。ひとつは、働かない時間を意識的に設けることだ。ユダヤ人が週に1日休む習慣である「シャバット」は「時間の聖堂」であると、ラビ（ユダヤ教の指導者）であるアブラハム・ヨシュア・ヘッシェルは言った。[13] 神殿やモスク、教会など神聖な場も人々を日常から隔てるものである。これと同じように神聖な時間を普段の生活に取り入れようということだ。

　これには色々な方法が考えられる。1日1時間スマホを機内モードにしたり、週に1回友人と趣味に没頭する時間をつくったりするのでもいい。それがどのような活動でも、物理的に仕事ができない状況に身を置くことが大事だとコレッツは話す。教会に行ったり、ヨガのレッスンに参加したりする利点は、そこにいる間は仕事ができないことだ。多くの人が働く時間を減らそうとしているが、意識的に仕事から離れない限り、仕事はほかの時間をじわじわと侵食してしまう。

　ループから脱出するもうひとつの方法は、新しいアイデンティティをつくることだ。レジリエンスのある自己をつくるために、仕事以外のアイデンティティの構築に積極的に取り組むということである。働いていないときの自分が誰なのかを理解するためには、仕事以外の活動に取り組まなければならない。

　仕事以外の自分を育てるコツは、新しいことに挑戦してそれがうまくできなくても自分を責めないことだとコレッツは話す。「上昇志向の強い人とたくさん接してきましたが、仕事以外の活動を始めることを助言すると、マラソンの完走のようなことを目指そうとする人が多いのです」とコレッツは言う。「しかし、それは燃え尽きの原因となります。だから、小さく始めることをすすめています。まずは近場を少し走ってみるのはどうですか、と」

マラソンの完走や1年で何十冊の本を読むなどの目標は、その活動に取り組むモチベーションになるかもしれない。しかし、目標を目指して頑張ることはもっと上を目指そうという枠組みで考えている証拠であり、それは仕事と本質的には同じことになってしまう。

もちろん、そうした趣味が悪いというわけではない。しかし、何かの活動を定量化してしまうと、そこから子どもなら誰もが知っている「遊びの楽しさ」が失われてしまう。

遊びは、仕事主義に対する処方箋である。役に立つかどうかに関係なく、好奇心と空想に基づいた活動だ。もっと上を目指すのではなく、その場の体験を重視するものだ。そしてそれには休息と同じように、気持ちを軽くする効果がある。遊びの機会は身の回りに溢れている。アートなら自由工作、音楽なら誰かとセッションするようなことだ。僕のお気に入りはダンスだ。結婚式のダンスフロアで踊ることが、僕が幼い頃に遊び場で感じた体験に最も近い。人は生産するためだけに存在しているわけではないことを思い出させてくれる。

働いていないときの「わたし」の価値は?

数年前、メーガンは妹とオレゴン州の海岸沿いに来ていた。少し酒に酔った気分でビーチに座っていると妹がこう聞いてきた。「キャリアで成功した気分はどう?」。メーガンは虚をつかれた気分だった。自分が仕事で成功しているとは思ったことがなかったのだ。

今の仕事を失っても別の仕事がすぐに見つかると心から思えたのは、ジャーナリズムの賞を初めて受賞してからおよそ20年経った2017年になってからだとメーガンは言う。成し遂げたことも確かにある。けれど、それが「成功」とは思えなかった。ジャーナリストらしく、メーガンは妹の質問に質問で答えた。「仕事以外のアイデンティティがある気分はどう?」

メーガンは妹が羨ましかった。彼女は信用格付け機関のマーケティング部門で働いている。給料はよく、午後5時に終わり、同僚以外の友人がいて、趣味もある。「妹に憧れる。でもそれはプロバスケットボール選手に憧れるのと同じで、私には決して手の届かない生き方なの」とメーガンは話す。メーガンが羨んでいるのは妹の仕事そのものではなく、彼女の仕事との距離感である。「ワイアード」から離れて自主的に休暇をとったときも、仕事上のアイデンティティを脇に置くことが難しいとメーガンは感じていた。

仕事を辞めてから1カ月もしないうちに、問題は仕事そのものよりももっと深いところにあると気づいたという。「この1カ月でわかったのは、仕事への関わり方のもっと根本的な部分が間違っているのかもしれないということ」と話す。リズと同じように、メーガンは自身の仕事の成果と自己評価を切り離す方法を学ぶ必要があった。

「難しいけれど、これは価値があることだと思う」とメーガンは言う。

AA(Alcoholics Anonymous =アルコール依存症者患者の自助グループ)関連の出版物に、「考えるだけでは習慣は変えられない。考え方の習慣を変えなければならない」という格言がある。[14]仕事をしていないときの自分が何者かを知るには実践が必要だ。それには仕事中心のアイデンティティがもたらす安心感や、状況を掌握できている感覚、他者からの承認を手放して、「仕事をしていないときの自分の価値は?」という難しい問いに向き合わなければならない。

メーガンにとって、これは簡単に答えが出せる問いではなかった。サバティカルを取ることを決めたとき、メーガンには貯金があった。夫はフルタイムで働いている。すぐに仕事に復帰しなければならない状態ではない。しかし、仕事を辞めて数カ月経ってもリラックスしようとするたびに、何か生産的なことをしなければ、という衝動に駆られた。次の仕事を決めたり、本の提案書を書いたりしなくてはと思った。

だが、そうした衝動が湧き上がるのと同時に、肩の力を抜いて休めていない自分に罪悪感も抱いた。気分を晴らそうとキャッツキル山地を散策しても、必ずと言っていいほど次に書きたい記事や新しいメディアのビジネスモデルについて考えていたのだ。

現代の多くの労働者も同じ思考にはまっている。副業やキャリアの前進を称賛する文化は、常に前に進んでいなければ取り残されるというメッセージを人々に浴びせているのだ。

仕事中心の生活をやめて気づいたこと

風が強い2月の朝、ニューヨークはブルックリンに足を運び、メーガンの自宅があるウィリアムズバーグ近くのカフェで彼女と落ち合った。メーガンがフルタイムの仕事を辞めてから9カ月が経っていた。余裕のあるスケジュールの利点は、月曜日の午前11時にカフェに立ち寄ってコーヒーを買えることである。横殴りの雨が降っていて、解けかけた雪がびしゃびしゃになる米国北東部の冬らしい日だった。僕たちは温かい飲み物を手に、大きなプラスチック傘を思わせる公園の休憩所に移動した。息が白くなる中、サバティカルを取って何か大きな変化はあったかとメーガンに尋ねた。

「新しい趣味を見つけたり、自分の新しい部分を発見したりすることはなかったわね」とメーガンは答えた。これは意外だった。

メーガンの昨年の出来事を記事にしたのなら、その見出しは「メディア業界の有力編集者、〝食べて、祈って、恋をして〟燃え尽き症候群から復活。回顧録を近日公開」になるだろうと思っていたからだ。しかし、ブルックリンの公園で、バリに突然行ってみたり、平日にメトロポリタン美術館をふらっと訪れたりするような話をメーガンから聞くことはなかった。代わりに、目的意識の強い社会人が人生において仕事が果たすべき役割について思い悩むリアルな声を聞いた。

「仕事は好き。自分のしていることが好き」と、通りを見つめながらメーガンは話す。「でも、この働きたいという気持ちのどれくらいが本当に仕事を愛していることによるもので、どれくらいが他に何していいかわからないことによるものなのかはわからない」

メーガンの働きたいという気持ちの一部は収入と関係しているが、メーガンはその考えは「あまり合理的ではない」と言う。彼女には完璧な職歴と広い人脈があり、健康保険についても協力的なパートナーにカバーしてもらっているのだ。

とはいえ、彼女のようなミレニアル世代の多くは、20年のキャリアを通じて彼女が働く産業と米国経済の不安定さを間近で見てきた。それ以前にも両親の仕事の状況が、メーガンと彼女の妹がどこに住み、クリスマスツリーの下にプレゼントが何個現れるかを左右していた。メーガンが仕事熱心な理由の一部は、本人がそれをどれだけ非合理的に感じようと、雇用の先行きの不透明さによるものであることは確かだろう。

自分で設定したサバティカル中でさえも、メーガンは世界を主に仕事というレンズを通して見ていた。今すぐ新しい仕事に就きたいかと尋ねると、「今はいい」とほとんど反射的に彼女は答えた。「今はまだいいわ。でもね、面白そうな仕事があるの」と笑顔で付け加えた。彼女の声には、僕自身も苦しんできた葛藤が含まれていた。それは、自分の価値は自分の仕事以上のものであると理解しつつ、自己実現につながる仕事がしたいという葛藤だ。

「ワイアード」を去ってから9カ月経っても、メーガンは寝ても覚めてもジャーナリストだった。またいつか編集長としてニュースルームを率いたいと思っているし、書きたい長編記事や実現したいビジネスモデル、女性をもっと編集の重要な立場に呼び込むためにできることについて考えている。とはいえ、このサバティカルで彼女は学校新聞のために記事を書いた高校時代からおそらく初めて、足をアクセルから外し、他の方法で自分の価値を見つける時間の余裕を得た。

公園の休憩室に座り、ポケットに入れた指先がかじかみ始めた頃、昨年の秋に仕事から離れたことでホスピスにいる父親と最期の時間を過ごすことができたとメーガンは語ってくれた。父が亡くなった後、家族のために感謝祭のディナーをひとりで用意したという。またこの9カ月間は仕事中心の生活でなくなったおかげで、社会人になってから一番、他人に対して優しくなれたと話す。

「バランスを取れるようになったわ」と話す彼女の声には張りがあった。「仕事モードから頭を切り替える方法を学んだの」

第5章

さらば、愛社精神

会社は、
ひとつの家族になれるのか？

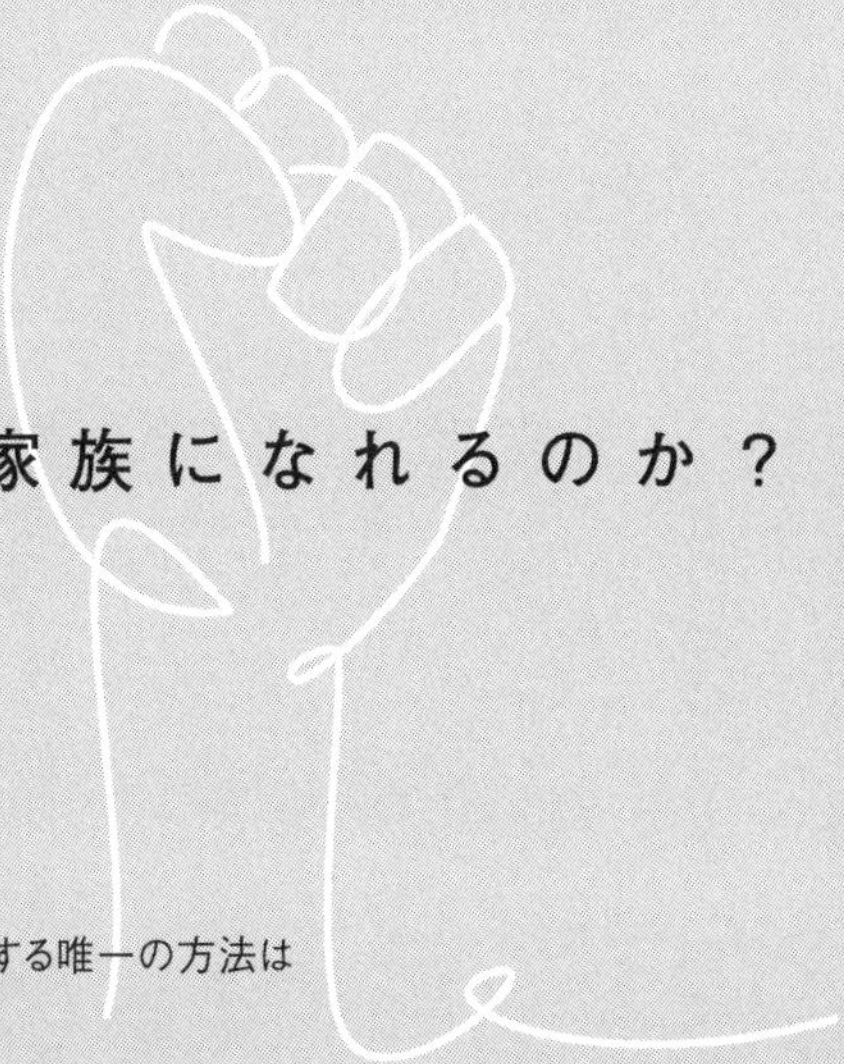

組織化された欲に対抗する唯一の方法は
労働者の組織化である[1]

トーマス・ドナヒュー（米国商工会議所前会頭）

テイラー・ムーアは若いサンタのような見た目をしている。がっしりとした体格で、もじゃもじゃの髭を生やし、キャンプファイヤーの周りに集まったら何も言われずとも小話をしだすタイプだ。「風呂敷を広げるのが好きなんだ」と、パンデミック中のある日曜日の昼下がりに会ったテイラーは言った。「星占いは信じていないけれど、火のエレメントであることは間違いないね」

彼は意志の強い人間だ。そしてそれは波瀾万丈なキャリアを進める上で非常に役に立った。テイラーはアラバマ州西部の小さな町、ファイエットの出身で若い頃は南部を転々としていた。バーテンダーとして働いたり、小学校のスクールカウンセラーをしたり、バーミンガムのバンドに加入してバンジョーやギターを弾いたりした。しかし、20代半ばになると「何か大きな挑戦」をしなければと思った。このままではバーミンガムから一歩も出ず、何も達成できないまま人生を終えることになってしまうと思ったのだ。そこで２００６年、クルマを売ってニューヨークへの片道切符を手に入れたのである。

ニューヨークに来て最初の数年間は、できそうな仕事なら何でも引き受けた。犬の散歩、バーテンダー、派遣社員、インディーズ映画の制作アシスタント、アッパー・イースト・サイド地区に住む裕福な家庭のベビーシッターなどだ。とはいえ、これらの仕事はどれも副業に専念するための手段でしかなかった。平日の夜や週末はコメディ劇場「アップライト・シチズン・ブリゲージ」で即興劇を演じたり、ブルックリンのベッドフォード＝スタイベサント地区にあるアパートのクローゼットを簡易スタジオに改造してポッドキャストを配信したりした。

ベビーシッターをしていた家の子どもが大きくなって世話を頼まれなくなった頃、友人が「キックスターター」という会社を紹介してくれた。同社はマンハッタンに拠点を置く設立3年目のスタートアップで、アーティストが創造的なプロジェクトのために資金を集められるサイトをつくっていた。その会社のミッションは、自身もインディーズ作品のクリエイターであるテイラーにとって共感できるものだった。

クラウドファンディングを通じてキックスターターは、批評家や流行をつくる人たちを通さずともアーティストが作品を世に出せる世界を目指していた。また、キックスターターの創業者たちはテック企業をつくることよりも、文化的なムーブメントをつくりたいと考えていた。「くたばれ、画一《モノ》的なカルチャー」が会社のスローガンだった。テイラーはすぐにこの会社を気に入った。

2000年代初頭に登場した他の若い起業家たちと同じく、キックスターターの創業者たちも「世界を変える」ことを目指しており、同社を他の会社とはまったく違うものにすると宣言していた。決して会社を売らず、会社の成功を利益ではなく、世に送り出す支援をしたクリエイティブなプロジェクトの数で測ると誓ったのだ[2]。

採用候補者にはこのミッションに共感した上で入社することを求めた。これは社会的な使命を持つ会社で同じ価値観の仲間に囲まれて働くことと引き換えに、市場より低い給与でストックオプションもない雇用条件を受け入れることを意味していた。ストックオプションは、失敗するリスクが高いスタートアップに入社する社員に提供される報酬のことだ。

キックスターターが法人格「Public Benefit Corporation」（公益重視企業またはBコーポレーションとも呼ばれる）として再設立されたのは2015年のことだ。これにより、同社は従来の企業のあり方とは異なる、独自の姿勢を公に表明したのである。この法人格は、株主だけでなく社会全体への影響を考慮した事業運営を会社の経営陣に義務付けるものだ。キックスターターは営利企業であるものの、利益の5％を芸術・教育及び、体系的な不平等と戦う組織に寄付をする。[3]会社としてお金を稼ぐことだけを考えるのではなく、責任ある個人のように良心のある行動を取りたいと、経営陣は社員や報道陣に対して常々語っていた。

そして創造的で個性的な理念を持つキックスターターの企業文化は、この理念に賛同する社員を引き寄せた。実際、副業として芸術的なプロジェクトに取り組んでいるテイラーのような人物が多く採用されたのである。

テイラーがキックスターターに受付係として入社したのは2012年のことだ。テイラーは多くの意味で会社の顔だった。訪問者のためにドアを開け、改装されたビルの最上階にある仕切りのない開放感のあるオフィスへと迎えるのが仕事だった。

彼は週に1度、地元のバーで社員向けのハッピーアワーを主催した。費用は会社持ちだ。深夜のオフィスで映画を鑑賞する会も開いた。カクテルを飲みながらカルト映画を観るのだ。テイラーは週1で開催されるロールプレイング・ゲーム「ダンジョンズ&ドラゴンズ」で遊ぶ会の常連でもあった。これには会社の創業者であるペリー・チェンとヤンシー・ストリックラーも定期的に来ていた。

キックスターターはテイラーの社会生活の大部分を占めるようになっていた。同僚たちは単なる同僚ではなく友人やバンド仲間、恋人、政治的な思想を共有する仲間でもあった。初期のキックスターターにいた他5、6人の元社員に聞いても、キックスターターは会社というよりは家族のようだったと皆が口を揃えた。

人間関係が密なスタートアップではこうしたことはよくある。イギリスの製品開発エージェンシーである「アスツー（ustwo）」は、家族のような企業文化の醸成に力を入れていると表明している。「私たちは〝ファムパニー〟、つまり家族のような会社をつくることに焦点を当てています」と、同社の「カルチャーマニフェスト」には書かれている。[4] 民泊仲介サイトのエアビーアンドビーの社員はお互いのことを「エアファム（〝エアビーアンドビー・ファミリー〟の略称）」と呼んでいるし、セールスフォースはハワイ語の「オハナ」、つまり「家族（血縁はなくとも絆で結ばれた広義の意味での家族）」を使って同社の企業文化を説明している。[5]

とはいえ、キックスターターの創業者たちは意図して家族のような文化をつくったわけではない。社員は義務感からではなく、純粋に交流を楽しんでおり、その結果として家族のような文化が定着したのだ。

だが、これは社員にとっては両刃の剣であると、人気のキャリア開発ブログ「アスク・ア・マネージャー」の管理人のアリソン・グリーンは指摘する。「家族のような会社は、大抵社員にとってよいことはありません。社員は不当な仕事量と勤務時間を不当に低い賃金でこなすことが期待されます。そしてそれに反発すると明示的または暗に家族の一員になれていないと言われてしまうのです」

経営陣が「会社は家族」と言い、社員もそのように感じていたとしても実際は違う。家族と会社の目標は根本的に違うのだ。会社が社員は家族のようだと言うとき、それは一般的に社員のことを気にかけているという意味である。しかし、家族の絆は無条件だが、雇用は違う。会社にとって重要なのは、社員よりも業績だ。会社と家族には共通点もある。それは厄介な力関係が存在することだ。これは苦い経験を通じてテイラーが最終的に学んだ教訓である。

家族のような職場がもたらす害毒

一見すると、社員同士の仲がよい職場はよいことのように思える。職場に友人がいる人の方がより幸せで健康であることを示す研究結果がある。調査会社ギャラップの研究では、職場に親しい友人がいる人は、そうでない人より仕事に熱心に取り組む確率が7倍高かった。[6]そうした人の生産性、定着率、仕事の満足度が高くなることも報告されている。[7]

もちろん、会社側はこの事実に注目している。多くの会社はチームビルディングの演習や無料の社食、ハッピーアワーなどのイベントを通じて社員同士の交流を促し、友情や仲間意識を育てようとしているのだ。勤務時間外に催される交流イベントは、社員が会社に帰属感を持つのに役立つし、会社の業績にもよい影響を与えることが証明されている。

職場向けにコーチングサービスを提供するスタートアップのベターアップの研究では、社員が職場に帰属意識を持つと、仕事のパフォーマンスは56％向上し、離職リスクと従業員の病欠日はそれぞれ50％と75％低下することが明らかになった。[8]

しかし、労働者にとって職場が社会生活の主軸となるには負の側面もある。確かに、職場に友人がいる社員はより高いパフォーマンスを発揮する傾向にあるが、同時に精神的に疲れやすくなり、対立を避けるようになるのだ。

「利益のない友人：職場の友人関係の暗い面を理解する」という論文の中で、ペンシルベニア大学ウォートンスクールの研究員であるナンシー・ロスバードとジュリアナ・ピレマーは友人関係の特徴は、組織の特徴と相容れないことを説明している。友人関係ではそれぞれの役割は定まっていない。そしてその関係性は基本的に社会的で感情的なものだ。しかし、職場の関係ではそれぞれの役割は定まっており、その関係は事業の目標を達成するためにある。もし友人でもある同僚に仕事の批判を受けた場合、関係性への期待値が食い違い、摩擦をもたらす可能性がある。

さらに、社員同士の関係が濃い職場では、情報は全員に見えるチャネルを通じてではなく社会的なつながりを通じて伝わるため、組織全体での知識共有が阻害されやすいことを研究者たちは発見している。[9]また、友人がたくさんいる職場ではチームで複雑な決定をする際に率直な議論が減る。相手が友人である場合、厳密に分析して議論するよりも、仲間の意見を尊重する傾向にあるからだ。

加えて、サンフランシスコ大学の心理学者セラ・カーンの研究は、人間関係が濃い職場では社員は不正行為について黙っている可能性が高いことを明らかにした。医療系スタートアップ、セラノスによる詐欺事件に触発されたある研究では、参加者に製品の有効性を誇大に宣伝し、それを止めようとしない同僚がいる医療系スタートアップで働いている状況を想像してもらった。[10]研究者たちはこの説明において、家庭的な雰囲気の会社と、プロ意識の高い会社の2つのシナリオを用意している。

その結果、家庭的な雰囲気の会社の方がプロ意識の高い会社よりも不正行為を報告しづらくなることが判明した。「家族のように絆が強い集団として職場を捉えていると、その絆を壊す不正の告発などは非常に難しくなります」とカーンは説明する。「幸せでうまくいっている家庭を壊すのと同じなのです」

職場で友情を育むことは有益だが、全面的によいというわけではないということだ。そこで先述したウォートンスクールのロスバードとピレマーは、同僚との友人関係を続けるためにルールを決めることを推奨している。例えば、仕事以外の話題を出してもよいタイミングについて共通の認識を持つことや、集団浅慮を避けるためにビジネス上の意思決定をするときは外部の視点を取り入れるようなことだ。とはいえ、友人関係と同僚関係を線引きすることは現実的には難しいかもしれない。社員の仲間意識の強いキックスターターのような会社では特にそうだろう。

事業が順調なときは、仕事と遊びの境界が曖昧でも問題はないかもしれない。同僚と通路ですれちがったときの会話がきまずかったり、勤務時間後のイベントの参加は任意なのか、義務なのかがわからなかったりするといった程度だ[11]。しかし、事業が困難な状況に直面したとき、増大する経済的圧力の前に社会的なつながりはほころび始める。

「人は物質的な関係ではなく、社会的な関係を望んでいる」とテイラーは話す。「オフィスが社会的関係の仲人で、交流の場を提供してくれている場合、職場の粗探しをすることはない。しかし、物事がうまくいかなくなると仮面が剥がれ始めるんだ」。友情と仲間意識という会社の仮面の下には本当に重要なもの、つまり金と権力が隠れている。

権力に屈した上層部を告発する——キックスターターの労務問題

2018年8月中旬、キックスターターの信頼と安全チーム（プラットフォームの治安の維持に責任を持つチーム）は、暴力的なプロジェクトがあるという報告がユーザーから届いていることに気付いた。これ自体は珍しいことではない。キックスターターのアカウントを持っている人なら誰でも問題があると思うプロジェクトをフラグ付けして信頼と安全チームに確認を依頼できるのだ。

問題となったプロジェクトは「ナチスをやっつけろ（Always Punch Nazis）」というもので、人種差別と戦う物語を描いたコミックだった。[12] 題名通り、スーパーヒーローたちがナチスをやっつけていく。コミックの内容は明らかに風刺的で、グラフィックノベルならではの大袈裟な効果音や擬音が全ページにちりばめられていた。

当時、キックスターターの暴力に関する規約では、権力者に対する「上方向のパンチ」を描く風刺的な表現は許されていたが、権力者が集団を抑圧するような「下方向へのパンチ」を描くものは許されていなかった。最終的に信頼と安全チームは、「ナチスをやっつけろ」の掲載に問題はないと判断した。

しかし、その後右派のニュースサイトである「ブライトバート」が「暴力を扇動するプロジェクト」を掲載したままにしているとしてキックスターターを非難する記事を掲載した。[13] すると翌週、キックスターターの経営陣は信頼と安全チームの決定を覆し、プロジェクトを取り下げるように裏で命じたのである。

信頼と安全チームは会社で最も多様性のあるチームとして、同社が少数派に属するクリエイターに与える影響をよく検討した上で規約を策定しており、規約その内容についても熟知している。だからこそ、同チームは主に白人で構成される経営陣がプロジェクトを取り下げた理由について説明がほしいと感じた。このプロジェクトはどの規約に違反したのか？　なぜ会社はブライトバートの意見に屈するようなことをしたのか？

同チームのシニアメンバーのひとりは、友人であり同僚のエイミーをコーヒーに誘い、経営陣が自分たちの決定を覆したことを伝えた。ソフトウェアエンジニアであるエイミーは、テック業界では比較的仕事が安定しているので、なんとかしてみると約束した。そしてエイミーは会社のスラックでこの問題を提起したのである。とはいえ、それは直接的な方法ではなかった。

8月16日、エイミーはあるニュース記事をスラックに投稿した。それは極右組織の支払いを処理したとして批判を受けたテック系決済サービスのストライプに関するものだった。記事に付随するコメントに、「自分たちの理念を貫くキックスターターで働けることを誇りに思っている」とエイミーは書き込んだ。この投稿は「ナチスをやっつけろ」に関するものではなく、キックスターターの理念についての大きな議論を始めることを目的としたものだった。

エイミーの同僚のエンジニアも彼女の意見に賛同した。すると信頼と安全チームのメンバーであるジャスティン・ライもコメントに加わった。「でも、〝ナチスをやっつけろ〟のプロジェクトは取り下げることになったので、これからはどうかわからないね」

ライとはプロジェクトの問題提起について示し合わせていたわけではない。しかし、ライのコメントで社員の多くはこの時初めて、経営陣が「ナチスをやっつけろ」を取り下げたことを知った。そしてこのコメントがきっかけで、社員たちが後に「スラック上の暴動」と呼ぶ出来事が起きた。あらゆる部署の社員が、どの規約に違反してプロジェクトを取り下げたのかの説明を経営陣に求めるコメントがスラックに殺到したのである。

大量の投稿を受けて、キックスターターの経営陣は図書室で緊急の全社会議を開いた。経営陣は部屋の前方に置かれた横長の木製のテーブルに一列に着席し、社員たちはその手前の床に子どものように座らされた。この会議は議論の場として設定されたものだったが、実際は法廷のようだった、と社員たちは振り返っている。

労働者と経営陣との線引きは明らかだった。キックスターターのコミュニティ戦略バイスプレジデントと信頼と安全チームのディレクターの間に座った、直近に入社したばかりの法務担当であるクリストファー・ミッチェルが最初に話をした[14]。暴力に関する規約に違反したとして、経営陣はプロジェクトを取り下げる判断を下したと、彼は手短に説明をした。その後は社員からの質問に答える時間となった。

キックスターターの多くの従業員は、プロジェクトの取り下げという決定を重く受け止めていた。彼らはキックスターターの理念に賛同したからこそ、ここで働くことを選んだのである。だから、その会社の経営陣が、社員が作成した規約を支持するのではなく、右派メディアの圧力に屈したことに失望した。アーティストの支援を使命に掲げ、公益を重視する企業として正しくない決定のように思えたのだ。

社員が次々とマイクを取って質問をした。ソフトウエアエンジニアのブライアン・アベルソンは、経営陣の決定は不適切であり、考えを改めないのなら、この会社で働き続けることはできないと言った。コミックの展示会などに定期的に出展するキックスターターの顔となっているコミック部門プロモーションチームのリーダー、カミラ・ジャンもマイクを取った。プロジェクトが取り下げられた場合、アーティストや作家のコミュニティとの矢面に立つことになるのは彼女だ。経営陣はそのような社員をどのように守ってくれるのかと、ジャンは尋ねた。入社して5年が経つテイラーは、これは会社にとって「内部規則の法的な解釈」の問題ではなく、会社が正しいことをするのかどうかに関わる問題だと主張した。

「この会議で、組織内のすべての権力を少数の人に握らせるのは合理的ではないことがはっきりした」と、テイラーは話す。「彼らは自分たちの力を責任あるかたちで行使していない」[15]

会議をあとにした社員は怒りを感じると同時に勇気づけられていた。経営陣が会社の公言した理念から逸脱した決断をしたことには怒りを感じたが、同僚たちが勇気を出して声を上げたことには感銘を受けていたのだ。その会議で意見を述べたことは、キックスターターの社員による初めての集団行動だった。

会議の後、テイラーは会議で物事が正されなければ退職すると脅していたエンジニアのアベルソンと郵便室ででくわした。2人は目が合うと、同時に言った。

「労働組合だ！」

思い切って労働組合をつくろう

歴史的に、会社の上層部の力の使い方を見張るために、労働者は労働組合を結成してきた。労働者は団体交渉を通じて公正な賃金や福利厚生、安全な労働条件、そして組織全体に影響を与える意思決定に関する発言権を得る。家族のような会社の土台が友情や信頼であるなら、労働組合のある会社の土台は双方が合意した契約上の責務である。

しかし、米国ではこの数十年で労働組合の加入者数は大幅に減少している。最盛期だった1950年代、米国の労働者の3人に1人が労働組合に所属していた[16]。ところが、2021年には10人に1人しか所属しておらず、過去最低の水準となったのである。

労働組合の加入者数が減少した理由はいくつかある。労使関係法であるタフト＝ハートリー法やいわゆる「ライトトゥワーク法（働く権利を守る法律）」などの制定により、組合設立のハードルが高くなったことに加え、企業側が組合を解体しやすくなったのだ。また、近年は歴史的に組合の参加者が最も多かった製造業関連の雇用が縮小する一方で、組合が存在しないテック業界での雇用が最も増えている。

全社会議の翌日、キックスターターのコミュニティ戦略バイスプレジデントであるカサンドラ・マルケトスは、「ナチスをやっつけろ」のプロジェクトを取り下げるという決定が撤回されたことを全社員にメールで伝えた。社員たちは誇らしかった。一丸となって訴えたことが報われたのだ。しかし、この勝利には代償があることを後日知ることになる。

次の週、法務担当のミッチェルが信頼と安全チームの週次会議に参加した。そこで「会社の方針と個人の心情は別物である。この2つを区別できないなら、他の仕事を探すべきだ」と強い口調で言った。[17] 彼の発言はミッション志向のスタートアップに蔓延している考え方をよく表している。すなわち「会社を第一に考え、それができないのなら他の仕事を探せ」というものだ。信頼と安全チームを率いるウィル・ペースは、チームのメンバー1人ひとりと後日面談を設定すると告げた。

翌週、上層部の決定を最初にスラックに共有したジャスティン・ライは、ペースとキックスターターの人事の責任者であるアンドリュー・ブランカトとの面談に呼ばれた。窓のない部屋のテーブルに3人が座った。そこでライは、会社はもはや彼女を信用することができず、退職合意書への署名を検討するよう告げられた。翌日、ライは退職合意書と解雇手当の書面を受け取った。ライは提示された条件に合意して退職を決める。

この出来事でテイラーの怒りに火が点いた。キックスターターという「家族」は、スラックのメッセージひとつで家族の一員を切り捨てるのか。経営陣は、社員は大切な仲間だとよく言っていた。それなのにライを辞職へと追いやった。こんなの、バカげている。「上層部は社員を解雇できるのに、僕たちは上層部を解雇できない」とテイラーは話す。「僕たちが本当の仲間だったたことなんて一度もなかったんだ」

　パワーバランスを取る唯一の方法は労働組合を結成することだとテイラーは考えた。ライが辞職させられたと知った翌日、テイラーはメモを取り出して、労働組合の結成に興味がありそうな同僚の名前を書き出した。数日もしないうちに彼は電話をかけ始めた。

　社員の交流イベントの中心人物だったテイラーは、労働組合の結成に興味がある人を誘うのにぴったりの立場にあった。家族のような企業文化をつくった社会的なつながりが、労働組合設立の賛同者集めに役立ったのである。

　ライが解雇されてから、社員たちは会社の労働環境について話す際、不公平な賃金や社員の声が反映されない意思決定など、一見ばらばらな出来事が実際には会社全体で一貫して見られる問題であることに気付き始めていた。

　コミュニティチームのトラビス・ブレイス、信頼と安全チームのアールヴィ・ドハーティ、クリエイター勧誘チームのクラリッサ・レッドワインなどがテイラーとともに労働組合の結成活動の中心的人物だった。彼らはキックスターターが嫌いだったから労働組合を設立しようとしたのではない。むしろその逆で、キックスターターとその社員には守る価値があると信じていたから労働組合の設立に向けて尽力したのだ。

　テイラーから唐突に電話がかかってきた時のことをクラリッサはよく覚えているという。当時、彼女は西海岸にいる唯一の社員だった。だから午後6時の電話は、テイラーが夜遅くまでオフィスに残って働いていることを意味していた。テイラーはキックスターターの社員が会社の意思決定に対してもつ影響力があまりに弱いと言った。「ナチスをやっつけろ」のことだけではない。経営陣がテイラーや同僚たちが1年前から開発を進めていた別のクラウドファンディングツールである「ドリップ」の開発中止を決めたことが、社内で物議をかもしていた。「何人かで労働組合を結成することを考えているんだ」とテイラーは言った。「もしよかったら参加しない？」

　クラリッサは迷った。今の仕事が本当に好きで、キックスターターの本社の近くに住もうと、知り合いが多くいるカリフォルニアを離れて家族と共にニューヨークに移住しようとしているところだったのだ。テイラーの話に興味はあったが、組合活動はリスキーに感じた。生活の拠点を移そうとしているときに、仕事を失う可能性があるようなことはしたくなかったのだ。

　争いを起こしたくないという気持ちは、労働組合の結成運動に参加しようか検討する多くの人に共通するものである。テック企業の多くは「社員を家族のように扱う企業文化があり、社員と会社はフラットな関係にあるように感じます」と、キックスターターの労働組合の結成の手助けをした「オフィスと会社員の国際労働組合（OPEIU、米国とカナダの労働組合）」のオーガナイザーであるグレイス・レッカーズは「ワイアード」誌に語っている。[18]「対立するのは怖いのです」。しかし、会社が社員は家族と強調する（「ここではお互いを大切にしています！」）のは、組合結成を阻止する戦術のひとつだとレッカーズは指摘する。社員に必要なのは企業の甘言ではなく、契約による保護なのだ。

クラリッサは一晩考えた。リスクはあるが、労働組合の結成は現職の、そして未来のキックスターターの社員にとって大きな利益になる。そう考えたクラリッサは翌日、喜んで参加するとテイラーに知らせた。

組合運動のメンバーに向けられた反発

ニューヨークに引っ越してからクラリッサと十数名の従業員たちは、オフィスのすぐ近くにあるテイラーがつくったレンガ造りのポッドキャストの配信スタジオに定期的に集まった。冷蔵庫にはラガービールが冷えており、主催者たちは順番にミーティングで食べるピザを取りに行った。組合結成に向けた集まりはわくわくするものだった。「まるでアベンジャーズになった気分だった」とテイラーは話す。それぞれの社員が独自のスーパーパワーを持ち寄って大きなことを成そうとしている。

その後数カ月間、組合の運動を取りまとめるリーダーたちは組織化のスキルを磨き、この取り組みに参加しないかと他の社員を誘って回った。アールヴィは過去に政治的なグループをまとめた経験を活かし、トラビスは新しいメンバーの勧誘に奔走した。だが、メンバーの大半は労組の結成に関しては素人だった。初期のミーティングではまず「労働組合を設立するには何をすべきか？」といった質問をググるところから始めていた。

労組の主要メンバーは管理職ではない社員と1人ひとりミーティングを設定し、組合設立に関心がないか聞いて回った。これらのミーティングはランチや休憩時間、仕事前の朝食や仕事終わりの飲みの時間に行われた。勤務時間中に組織化に向けた活動はできないのだ。労組結成の取り組みに参加してすぐ、クラリッサは他のメンバーから活動を取りまとめる委員になってほしいと頼まれ、これを引き受ける。こうしてクラリッサは組合結成運動の公的な顔となった。組合結成運動の主要メンバーは活動の背景を説明したメールを全社員宛に送っている。末尾には主要メンバーの顔写真が添えられていた。

クラリッサが労組結成運動のメンバーとして知られるようになると、組合の結成に賛同していない同僚の反発にあうようになった。話を聞いた職場の問題の専門家によると、これは組合の結成運動や密な人間関係のあるオフィスでは一般的なことだという。「アスク・ア・マネージャー」のコラムニストであるグリーンは「人はミッションの遂行に夢中になります」と語る。「だからこそ、管理職以外の同僚から時間の使い方や仕事について口出しされることは、個人的に批判されているように感じるのです」

もちろんすべての社員が組合結成に賛成していたわけではない。3人のベテラン社員による全社員に宛てたメールがウェブメディア「ギズモード」にリークされている。[19]それには「労働組合は歴史的に社会で弱い立場にある人を守るためにあるもので、当社の組合の参加者はこの重要な文脈に該当しないように感じる」とあり、「特権を持つ労働者による労働組合の濫用について懸念している」と書かれていた。

また、こんなこともあった。クラリッサは組合結成運動の中心人物のひとりとして知られるようになってから、マーケティングチームの同僚に編集コンテンツのネタになりそうな話を提案したことがある。キックスターターにプロジェクトを掲載しているクリエイターと定期的に交流するクラリッサのような社員がそうした提案をすることは珍しくはなかった。しかし、その同僚は仕事のやり方に口出ししないでほしいとクラリッサに返信し、彼女の行動を上司に報告したのである。

反発は別の形でも表れた。入社して組合結成の活動に参加するまでの3年間、クラリッサは人事評価で高い評価を得ていた。しかし、組合結成運動の主要メンバーと知られるようになると「パーソナリティフィードバック」、つまり仕事の成果ではなく労働者の性格についての指摘や、性別にまつわる偏見を含む批判を受けるようになったのである。「言い方がきつい」と指摘され、「管理職と信頼関係を築くことに失敗している」と評価されたのだ。

組合結成の主要メンバーとして知られると、テイラーも批判的なフィードバックを受けた。だが、クラリッサとは異なり、テイラーへのフィードバックは主に彼の成果に基づくものだった。会社との良好な関係を維持するために達成すべき具体的な目標が設定された改善計画を突きつけられたのである。

労働組合の世界では、組合結成に向けた活動をしている労働者を解雇する「口実」に、成果や性格に対してこうした評価が行われることがある。組合活動を理由に社員を解雇することは法律で禁じられているからだ。会社側が組合結成の阻止によく使う戦術のひとつなのである。

また、組合設立への動きが活発になった頃、キックスターターの経営陣は組合設立に反対する立場を明確にした。チェンの後任として2019年にCEOとなったアジズ・ハサンは、会社は組合を積極的に認めるつもりはないと、全社宛のメールで宣言したのだ[20]。彼に言わせると、労組の結成は「会社の運営方法やお互いが協力して働く方法を大幅に変えることになる」、そして会社は「組合の枠組みがない方がうまくいく」ということだった。

それでも組合設立への機運は高まっていった。社員との個別の話し合いでは、組合は公平な福利厚生と賃金を求めるだけでなく、会社の戦略的な意思決定に意見できるようにするためのものであることを強調した。時間外労働に見合った休暇を取れるようにしたり、仕事が脅かされた場合は補償を求めたりするためのものだと。「シートベルトが役目を果たすことはないと思っていても、クルマに乗るときは必ず着けるのと同じだよ」とテイラーは説明する。

2019年9月、テイラーが初めてクラリッサに労働組合の結成に興味がないかと電話をかけてからおよそ1年が経った頃、2人はそれぞれ会議室に呼ばれた。1年前にライが退職を勧告されたのと同じ窓のない部屋である。そしてそこで2人は明確な理由もなしに解雇を言い渡された。過去半年間の成果はテイラーがキックスターターに来てから最も生産的だったのに、だ。改善計画で提示されたすべての指標をはるかに上回る成果を出していた。

クラリッサとテイラーはどちらも解雇手当を受け取らないことを決める。その合意書には、会社に対する誹謗中傷行為を禁止する条項も含まれていたからだ。そして2人とも全米労働関係委員会に不当解雇を申し立てた。

「@kickstarter 私は誹謗中傷行為禁止条項を含む解雇合意書には署名しません」とクラリッサは2019年9月12日にツイッター（現・X）に投稿している。「解雇手当はいただかなくて結構です[21]」

自由に話せることが問題解決の前提条件

離職する社員に対して誹謗中傷行為禁止条項や秘密保持契約（NDA）への合意を求めることは一般的な慣習である。これは企業側にとって社員による不正行為の告発を防ぐ手段なのだ。「透明性がなければ責任ある行動は取れません」とフェイスブック、グーグル、ピンタレストのポリシーチームを歴任したイフェオマ・オゾマは語る。

オゾマはピンタレストで受けた差別をきっかけに、「Silenced No More Act（沈黙させないための法律）」の成立を後押しする活動に参加した。このカリフォルニア州の法律は、秘密保持契約に署名した場合でも、差別やハラスメントに関する情報を労働者が公開することを認めるものである。

「法的に何が起きたかについて話すことができなければ、人々は自身の経験や、企業でまだ続いているかもしれない問題について透明性を持って話すことができません」とオゾマは指摘する。差別やハラスメントなどの問題に対処するための前提条件として開かれたコミュニケーションが必要だ。「かといって、これですべての問題が解決されるわけではありません」と彼女は話す。「でも、そもそもこうした問題について話すことができなければ、それを解決できる可能性はゼロなのです」

テイラーとクラリッサがこれまでの体験を安心して話すことができた理由のひとつは、解雇される際に秘密保持契約に署名しなかったからである。解雇された後、2人はキックスターターで労働組合の結成に向けて取り組んだ経験を公にした。すると一般の人の間で、引き続き組合の結成を目指すキックスターターの社員を支持する声が盛り上がった。これは組合設立を阻止しようとするキックスターター経営陣への抑止力にもなった。

しかし、まだ何も勝ち取れていない。正式に組合を結成するには、投票で勝たなければならないのだ。

組合設立の後で得られた果実

テイラーとクラリッサが解雇されてから5カ月後の2020年2月。キックスターターの十数名の社員は、1カ月前に実施された組合設立の投票結果を聞くために、ニューヨーク州グリーンポイントにあるキックスターターのオフィスから、市内にある全米労働関係委員会のオフィスへと足を運んだ。投票の準備に2年かかった。組合が認められるには、適格な社員の過半数が組合結成に賛成票を投じなければならない。

「退屈を崇める宗教の教会はきっとこんな建物なんだろうな」とテイラーは、投票数が集計される全米労働関係委員会の審議室を見て言った。とはいえ、そのベージュ色の審議室には、朝から期待と不安が満ちていた。テイラーはアールヴィとトラビスと共に部屋の後方の席に座った。キックスターターの現職の社員、会社側の代表、そして会社が雇った法律事務所の弁護士たちが前に座っている。そして部屋の前方にいるのは全米労働関係委員会の代表者だ。その代表者は密封された投票箱を開け、投票用紙を慎重に取り出すと1枚ずつ内容を読み上げた。社員たちは緊張で汗ばんだ指先から落とさないように鉛筆を固く握りしめながら票を数えている。30分後、結果が出た。

賛成46票、反対37票。

審議室は拍手と涙で満たされた。米国の歴史で初めてテック企業において全面的に認められた労働組合が誕生した瞬間だった。

「賛同してくれそうな人の名前を最初に書き出したとき、拳を振り上げた気分だった」とテイラーは語る。「投票が終わって、やっと腕を下ろすことができる」

この勝利はすぐに労働者に利益をもたらした。

2020年5月、キックスターターはパンデミックによる経済的な問題に対処するため、社員の39％を解雇することとなった。この時、経営陣は退職する人たちに対して2〜3週間分の賃金を退職金として渡す条件を提示したが、労働組合の交渉により離職する社員には4カ月分の給与と4カ月分の健康保険を提供する条件を引き出せたのである。

また2020年9月、全米労働関係委員会はキックスターターの経営陣によるテイラーの解雇は全国労働関係法に違反すると判断した。翌月、会社はテイラーに3万6598・63ドル（約531万円）を支払うことに合意する。これが決着したことはうれしかったが、テイラーにとっては組合の設立こそが勝利だった。

「ひと握りの人の手に権力を集中させるべきではない。これが重要だ」とテイラーは話す。「他人の権力下にあるなら、その権力がどのように使われるべきかについて発言権があるべきだ。世界はそうあるべきだと思うし、僕はそんな世界をつくりたいと思っている。自分もそうだという人は、今日から自分の職場で労働組合の設立に向けて動き出すべきだよ」

仕事上の関係、少なくとも経営陣と労働者との関係は基本的には権力に関するものだ。それはどんなに友好的で、進歩的で、重大な使命を掲げる職場であっても同じである。

社員の力になる職場というのは、「家族」といった言葉で権力構造を曖昧にしない、雇用条件が明確な職場のことなのである。

キックスターターの労働者が労働組合を結成する意図を示してから2年半が経った2020年6月、キックスターターの組合は会社側と初めての団体交渉協定を締結した。[22] この協定には、毎年の賃金の上昇と賃金格差の見直し、契約労働者よりフルタイムの雇用を優先する採用、争いの解決と仲裁手続きの標準化などの条件が含まれている。

「同僚以上の働きをすることで報酬を得られるシステムの中で働くと、権力構造の中での自分の立ち位置がよくわからなくなることがある」とクラリッサは話す。「私たちは友情と共通の体験を力に変えたの」

第 6 章

さらば、時間あたりの生産性

長く働けば成果に近づけるのか？

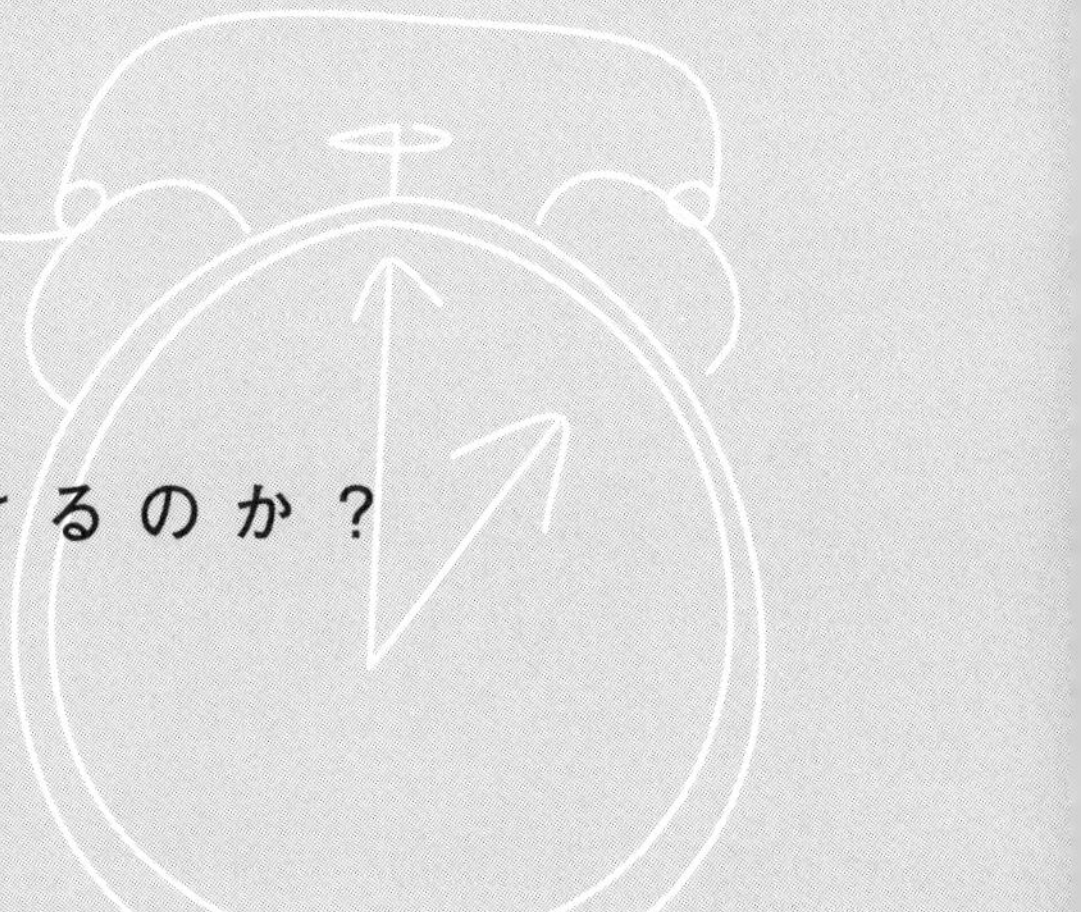

父はタイムマシンをつくった。
それからは死ぬまでタイムマシンをどう使ったら
もっと時間をつくれるかを考え続けた。
父は私たちと過ごしている間も、もっと時間がほしいと願い続けた。
時間さえあれば、と。[1]

チャールズ・ユウ（作家）

ジョシュ・エパーソンは、バージニア州リッチモンドのジェームズ川の中央にある岩の上に座り、マリファナを巻いていた。ドレッドロックスにした長い髪は背中で緩く編まれている。靴を脱いだ足元には缶詰のツナとドライマンゴーが入ったプラスチック容器、靴の側にはイタリア製のピルスナーが置かれている。

「これこそ贅沢さ」と彼は言い、その瞬間の重みを感じるかのように両腕を広げた。ジョシュは人当たりのよい人物で、話をする前にこれから内輪ネタをこっそり言うよと言いたげな笑みを見せる。それは38歳のジョシュは、他の人がまだ知らない事実に気づいているからなのかもしれない。

彼は10年以上企業に勤めた。そのうち7年間は世界的なコンサルティング企業に勤め、昇進に昇進を続けた。だが、3年前にそこを辞めてからは新たな働き方の「実験」をしている。

この「実験」には3つのルールがある。ひとつは、やる価値があると思える仕事のみを引き受けること。ひとつは、報酬がよい仕事のみを引き受けること（時給130ドルの仕事）。ひとつは、週に20時間以上は働かないことだ。大抵は週に10〜15時間働き、6桁ドルの年収を維持している。野心的な社会人の多くは、もっと稼ぐために自分の専門性を活かそうとするが、ジョシュは自分の時間をつくるためにそれを活かしたいと考えている。

ジョシュの働き方は異例に思えるかもしれないが、歴史的な観点から言うと、それは古くて新しい働き方と言えるかもしれない。なぜなら、人類の歴史の大半において、富を持っている人ほど労働時間は少なかったからだ。その理由は単純で、働かなくても生きていけるからである。

ほとんどの文明において、余暇（レジャー）は地位の象徴だった。この言葉自体、「仕事や奉仕を控えることが許される」という意味のラテン語「licere（リセレ）」から派生したものだ。[2] アテネ人は余暇を「人生における最大の生きがい」と考え、芸術的な活動をしたり、スポーツを楽しんだり、生きることについて思案したりするために時間を使った。[3] アリストテレスも仕事ではなく余暇こそが「すべての人間の行動の目的であり、すべての行動の終着点」と考えていたのである。[4]

ところが、何かの拍子に米国人はこの考え方を忘れてしまった。平均的な米国人は、平均的なフランス人よりも毎年週に約6時間、平均的なドイツ人よりも週に約8時間（1日の労働時間に相当する）、働き過ぎで知られる日本人よりも週に3時間半も多く働いている。[5]

しかし、昔からこうだったわけではない。1970年代、米国、フランス、ドイツの労働者の平均的な年間労働時間はほぼ横並びで、日本人の労働時間はそれをわずかに上回る水準だった。[6] 20世紀の間は、労働組合による交渉と技術の進歩によって労働時間は徐々に減少した。しかし、この50年で奇妙なことが起きる。[7] 富が増え、生産性が向上しているにもかかわらず、多くの大卒以上の米国人、特に男性は、これまで以上に働くようになったのである。米国の社会人は富と引き換えに余暇を得る代わりに、余暇と引き換えにさらなる仕事を得ようとするようになったのだ。

ジョシュも長年にわたり、そのような生活を続けていた。仕事に費やす時間を増やすことで収入を上げようとしてきたのである。しかし、2019年のある日、これ以上は無理だと悟る。それ以来、労働時間を週に20時間程度に抑えている。

大学に進めば地元から離れられる

ジョシュの幼少期は「ない、ない」ばかりだった。おもちゃはないし、服もない。本当に家計が苦しい時は晩ご飯さえなかった。彼は母親と姉と共に、美しい公園や散歩道、ゴルフコースで知られるバージニア州北部のレストランにある低所得者向けの公共住宅に住んでいた。ジョシュはそこからこの街の裏の面を見た。

夜中、子ども部屋になだれ込む青い点滅灯の光をよく覚えているとジョシュは言う。警察が窓の外で起きた殺人事件を調査するために来ていたのだ。アルコール依存症の母の酔いが覚めるのを待つ間、川辺のナラの木の下で眺めていた木々の色、ソニーのウォークマンで何度も再生したニルヴァーナの曲もよく覚えている。

「なんとしてでもそこから逃げ出したかった」

スケートボード、パンク音楽、マリファナといった反逆的な文化が彼の居場所だった。「12歳の頃から世間に対して斜に構えていた」と、この20年間住んでいるリッチモンドの川沿いを歩きながら彼は語る。「誰も救ってくれはしない」

ジョシュの両親はどちらも大学には行っていない。父親はいたりいなかったりで、母親は低賃金の事務職の仕事を転々としていた。だから、ジョシュは若い頃から働いていた。最初は地元のプールの監視員などをした。アルバイト、スケートボード、ハイになることばかりの生活で、学業は疎かになった。

「ジョシュは親切で好奇心旺盛、冒険心のある子どもだったよ」とジョシュの幼少期からの友人は話す。「ただ、スケートボードは人を反抗的にするんだ。本質的に反体制の活動だからね」

高校3年生の頃、友人の大半が大学進学のために地元を離れることに気付いたジョシュは学業に励むことを決める。進学すればレストンから離れられる。昔から知的好奇心はあったが、この時初めて真剣に勉強する動機が見つかった。試験で卒業に必要な点数が取れたとき、代数の先生をハグしたことは今でも覚えているとジョシュは言う。

高校卒業後、ジョシュは2年間ノーザン・バージニア・コミュニティカレッジに通った後、今なお住んでいるリッチモンドにあるバージニア・コモンウェルス大学へと転校した。大学の学位は将来役立つだろうとは思っていたが、立派なキャリアを築くことにはそこまで魅力を感じていなかった。

卒業後は2年間、リッチモンドの空港でユナイテッド航空の「小さな光る棒を振って飛行機を先導する人」として働いた。週に5日、夜のシフトに入った。勤務時間は午後4時から真夜中過ぎの最終便が到着するまでだ。時給は10ドルで、飛行機の到着が早朝にずれこんでも残業代は出なかった。シフトが終わると自転車のぴかぴか光るライトを点灯させ、35分かけて家に帰った。このままではダメだと思った。

オーバーワークは時間のことだけではない

オーバーワークと聞いて大半の人が思い浮かべるのは、休暇中にメールをチェックする企業の管理職や、深夜までコードを書き続けるシリコンバレーの起業家たちかもしれない。少なくとも米国では忙しいことは称賛され、軽蔑されることはあまりない。

とはいえ、長い時間働く理由は、その人のいる業界や社会階層によって大きく異なることを気に留めておく必要がある。仕事にやりがいを感じているから長時間働いているライアン・バージや、雇用主の過大な期待に応えようと長時間働いているフォバジ・エターのような人がいる一方で、十分な生活費を稼ぐために長時間働いて疲れ切っている当時24歳のジョシュのような人物もいるのである。

米国の非営利団体である経済政策研究所の調査報告によると、米国の所得下位5分の1にあたる人たちは1979年に比べて2016年は約25%も多く働いていた。[8] 低所得層の賃金が停滞し、生活するのにより長い時間働かなければならなくなったのだ。

オーバーワークの要因は労働時間の長さだけでなく、先々の計画の立てづらさも影響しているかもしれない。低賃金の仕事に従事している人は、いつ、どこで、どれだけ集中して働くかを自分で決められない。例えば、ロサンゼルスでギグワーカーをしているデレク・デロッシュはフードデリバリー、ライドシェア、便利屋のプラットフォームに登録して依頼を受けている。依頼がないときは、次の仕事を見つけるために活動しなければならないが、その時間はもちろん報酬は発生しない。「こうした仕事をちゃんとした収入源にするには、いつでも仕事を受けられる状態でいなきゃならない」とデロッシュは話す。「これが誰にも雇われない働き方だなんて皮肉だよ」

シリコンバレーのギグワーカー向けプラットフォームが海外に進出するにつれ、このようなパートタイム労働者の米国式の労働基準は世界に広がった。ノルウェーやドイツのような労働法が比較的しっかりした国でも、ギグワーカーは自営業者として分類されることが多い。[9] 自営業では、有給休暇の権利や労働組合の集団交渉権といったフルタイムの雇用者の権利を得られないのだ。つまり、長時間労働は低賃金の仕事と関連しており、さらにはギグワーカーのプラットフォームや国からの保障が少ないことが状況を悪化させている。

ジョシュが空港の仕事を辞めたのは25歳のときである。地元の病院で時給12ドルの事務職を見つけたのだ。人生を変えるほどの給与の変化ではなかったが、ジョシュは初めて自分の仕事にやりがいを感じている人たちと働くことになった。

ジョシュは医師や研修医が難しい症例について議論する会議のケータリングを用意し、話を聞くために留まることもあった。「仕事熱心で、時間の使い方を真剣に考えている人たちの近くで働くのは新鮮だった」とジョシュは語る。「仕事に対する考え方が変わった」

とはいえ、前向きに仕事をしたいと考える労働者にとって、研修医は理想的な例ではないかもしれない。医学生の研修制度を発案したのは、外科医のウィリアム・スチュワート・ハルステッドである。[10] 研修中の医学生は病院内で生活し、仕事に完全に没頭すべきと考えてのことだった。とはいえ、彼はコカイン中毒で、仕事にも過度に依存していたことが知られている。それでも彼の発案した研修制度は医療現場でいまだに使われている。また、医療に限らず、多くのホワイトカラーの職場も長時間労働が常態化しており、人々の働く時間はますます長くなりつつある。

例えば、弁護士。ほとんどの法律事務所は、社員が賃金の請求が可能となる最低勤務時間を設けている。大都市での平均的な最低勤務時間は年間約2000時間で、これは週に40時間の顧客対応に相当する。だが、社内で非公式に期待されている労働時間は通常これよりもはるかに多い。そしてこの請求可能な勤務時間には通勤や食事休憩、顧客対応ではない仕事、そして皮肉にも請求可能な勤務時間を計算する作業時間（弁護士は大抵、15分単位または6分単位で勤務時間を記録している）などは含まれない。また勤務時間と期末のボーナスが連動している法律事務所も多い。多くの事務所は時間単位で顧客に料金を請求していることから、これはある意味理にかなっているようにも思える。しかし、話を聞いた何人かの弁護士によれば、これは質の高い仕事をするよりも、長時間働くことを奨励する歪んだ報酬体系だ。

「効率的に働いても金銭的な利益を得られない」と、ニューヨークの法律事務所に勤めるアソシエイト弁護士は話す。「効率的に働いたらその分、勤務時間のラインを超えられるようもっと仕事をしなきゃならないんだ」

米国人がやたらと働くようになった理由の中で、産業を超えて一貫している要素がひとつある。それは米国のマネジメント方式だ。米国には管理職が従業員の労働時間を細かく記録するマネジメントの文化が浸透しており、これは主にフレデリック・ウィンスロー・テイラーの功績である。テイラーは100年以上前に亡くなっているにもかかわらず、彼の書いたビジネス書『科学的管理法』は今でも強い影響力を持っている。

雇用主がどのように従業員の時間を管理するようになったかを理解するためには、フレデリック・テイラーがどのように時間と労働者の作業を見ていたかを知る必要がある。

テイラーの『科学的管理法』

テイラーは3ピースのスーツを着てストップウォッチを片手に生まれてきたような人物だ。1856年、フィラデルフィアのキリスト教プロテスタントの一派であるクエーカー教徒の裕福な家庭に生まれた。幼少期に2年間欧州で過ごした後、名門のフィリップス・エクセター・アカデミーへと入学する。だが、彼はプリンストン大学出身の父親のように弁護士になるのではなく、ポンプ製造会社での機械工の見習いになる道を選んだ。しばらくすると事業がうまくいっている製鉄会社のミッドベール・スチールに転職し、すぐに昇進した。時間記録係から機械工、工場の班長となり、30歳を前にして主任技師に就任したのである。

ミッドベールで、テイラーは自身の経営理論を考え始めた。工場の現場を訪れると作業員たちは仕事に最小限の労力しかかけていないことに気づき、それが会社の労働コストを引き上げているとテイラーは考えた。テイラーは作業員の怠慢を自分への侮辱だと感じた。そこでどうすれば労働者から最大限の生産性を引き出せるかを解明しようとしたのである。

テイラーは工場の作業場でストップウォッチを使い、機械と作業員の仕事の効率について調べることにした。まず作業を細かく分解した。例えば、金属のパーツを持ち上げる、旋盤の上に置く、切断する場所に印をつけるといったようにだ。そしてそれぞれの工程が完了するまでにかかる時間を測定したのである。テイラーは「すべてのタスクには〝最善の方法〟がある」とし、作業を徹底的に調べればそれを特定できると考えた。すべての行動は効率化の機会であり、作業を最適化することでコストを抑えられると考えたのである。

ミッドベールで12年、大手製紙会社で数年働いた後、テイラーは「科学的管理」の哲学を大衆に広めるためにコンサルティング会社を始めた。そして現場の労働者の働きぶりを調べてワークフローを最適化するために、企業はストップウォッチを持ったテイラーと契約した。

とはいえ、テイラーの〝科学的〟アプローチには問題があった。[11] 彼は数値を不正に変えたり、顧客に嘘をついたり、自身の成功を誇大に宣伝したりしていたのである。顧客だったベスレヘム・スチールは、テイラーのやり方で利益が増えなかったとして契約を打ち切っている。だが、そんなことでテイラーが「科学的管理法」の布教をやめることはなかった。データの信頼性の乏しさを打ち消せるほどの執筆とマーケティングの才能が彼にはあったのだ。テイラーは何冊も本を出版し、全米を旅してこのマネジメント手法を広めていった。

労働者は資本主義という名のマシンに組み込まれた無知な歯車に過ぎないというのがテイラーの考えだった。平均的な製鋼労働者を「愚かで無気力。その精神は牛に近い」と評している。[12] 労働者の人間性など無視して、労働者のすべての行動、すべての労働時間は企業利益を最大化する機会と見ていたのである。

テイラーの「科学的管理法」は、米国経済の大部分に浸透したままだ。特に製造業とサービス業で顕著である。そしてますますグローバル化が進む現代、テイラーの思想は世界中に輸出されている。しかし、今ではストップウォッチを握って労働者を管理しているのはメガネをかけた現場の管理職ではない。ムチを振るっているのは顔の見えないテクノロジープラットフォームだ。

例えば、アマゾンの配送センターの従業員の手持ちのスキャナーには、荷物のスキャンと作業をこなすまでの制限時間を示すタイマーが付いている。ウーバーのドライバーも配車依頼を引き受けるまでの制限時間がある。多国籍のヘルスケアおよび保険会社であるユナイテッドヘルス・グループでは、「キーボードの使用頻度」によって給与とボーナスの額が変わる。[13] さらにはアクティブトラックやインサイトフルといったスタートアップ企業は、従業員の働きぶりを監視するソフトウェアを提供しているのだ。「ニューヨーク・タイムズ」紙の２０２２年の調査によれば、米国最大のプライベート企業10社のうち8社が個々の労働者の生産性の指標を記録していた。[14]

「この種の仕事は、来るべき自動化に向けて人類を訓練するものだ」と、配達依頼が続々と届くフードデリバリープラットフォームで仕事を請け負うギグワーカーのデロッシュは話す。「私たちは少しずつロボットに近づいている」

魔法が解けた瞬間

２０１１年、ジョシュは病院で働きながら、次のキャリアについて考えていた。病院に何年も勤めてきたが、ここでの仕事は頭を部分的にしか使わない。だから次はもっとクリエイティブな仕事がしたいと思ったのだ。

ジョシュはニューヨークを訪れ、「Festival of Ideas（アイデアの祭典）」という5日間のカンファレンスに参加した。このカンファレンスでは著名な作家による基調講演や新進気鋭のレストランオーナーによるブースの出展、ニューヨークの最先端の美術館やギャラリーの公共芸術の展示などがある。数百の展示の中で、あるプロジェクトが目に留まった。

そのプロジェクトは「FEAST」（Funding Emerging Art with Sustainable Tactics の略で、新たな芸術の持続可能な戦術による支援）と呼ばれるものだった。FEASTのイベントでは、さまざまなアーティストや団体がイベント参加者に自分たちの活動をプレゼンする。イベント参加者は応援したいと思ったものに投票し、最も投票を獲得した団体がイベントのチケット売上を助成金として受け取るのだ。「これはすごい！」とジョシュは思った。絶対リッチモンドでも開催したい！

ニューヨークから戻ると、ジョシュは友人とバージニア州版のFEASTを実現するために動き始めた。昼間はまだ病院で働いていたものの、その他の時間はこの活動に向けていた。「アイデアの祭典」は彼に新たなアイデンティティを与えた。病院での仕事は必ずしもそれを裏付けるものではなかったが、ジョシュは自分自身をクリエイターと認識するようになったのである。

「クリエイティブなことをするのに何か資格が必要なわけじゃない、と思ったんだ。ニューヨークの人たちもそんなものは持っていなかった」とジョシュは話す。２０１１年の秋に病院の仕事を辞めると、彼は新たな才能を発揮し始める。

リッチモンドの地元誌に開催予定のギャラリーやコンサートの紹介記事を書いた。そして最初の「FEASTバージニア」のイベントをプロデュースし、チケットは完売する。こうした活動をきっかけにアーティストや起業家たちと交流するようになった。ジョシュは自身の強みを見つけたのである。

FEASTで地域コミュニティをまとめるスキルを見て、地元のコンサルティング会社がリッチモンドの歴史を紹介する一連のイベントを企画してほしいとジョシュに依頼した。しばらくすると地元のマーケティング企業の幹部であるアンディ・ステファノビッチが、うちで働かないかとジョシュを誘った。高校をぎりぎりで卒業してから10年後、28歳のジョシュは初めての給料制の仕事を始め、年収は4万5000ドルとなった。「時給12ドルから上がったときは、マジで金持ちになったと思ったよ」とジョシュは笑顔で話す。

その会社はジョシュの状況にふさわしく「プロフェット（予言者）」と言う名前だった。ジョシュは注目の新人だった。有名大学やビジネススクールの出身者が多い中、地元コミュニティのまとめ役で伝統的でない道から会社に入ったジョシュは、職場に新鮮な視点をもたらしたのだ。「ジョシュが入社したばかりの頃、コンサル業界の文化と長時間働く慣習に懐疑的だったことは見てすぐにわかった」と元同僚は話す。「でも、彼はすぐに馴染んだ」

プロフェットはジョシュがこれまで働いてきたどの職場とも違った。同社のオフィスはリッチモンド市内のかつては穀物が売られていたビルの最上階の2階部分を占有していた。病院の管理事務所の折りたたみ式のキュービクル（パーティション）とは異なり、プロフェットのオフィスはミッドセンチュリー様式の家具を備え、会議室はガラス張りだった。同僚たちは定期的に飲みに行ったり、オフィスの2階にある四角いコートでボール遊びをしたりした。しかし、内装のリラックスした雰囲気とは裏腹に仕事は激務だった。社員同士が切磋琢磨し、高いパフォーマンスを発揮する企業文化だったのだ。「2年ごとに昇進できないのなら、よい仕事ができていない証拠だ」と元同僚は話す。

そんな早いペースにもジョシュはすぐに順応した。入社してまもなく全国を飛び回って生命保険会社にソーシャルメディア戦略をプレゼンしたり、ミント菓子のメーカー向けに「イノベーションロードマップ」を作成したりしていた。会社がジョシュの人生、社会生活、生きがいを感じる中心的な存在になっていた。「成功への道を歩んでいると確信していた」とジョシュは話す。「飛行機での移動時に会社のパートナーの隣に座るのは自分でありたいと思った。そこにいる価値がある人間だと証明したかったんだ」

プロフェットで昇進を重ねるほど収入も上がった。どんどん昇進して、すぐに年収は6桁ドルになり、ライフスタイルもそれに合わせて変わっていった。ダニエル・ウェリントンの洒落た腕時計やニソロの品のよいレザーブーツを買った。リッチモンドで最先端のエリアにあるきれいなアパートに引っ越し、黒くてぴかぴかのランドローバーを購入した。長時間働き、月に数回は出張に行った。仕事で疲れても、燃え尽き症候群になっても、それさえ自分が成功している証だと思った。多忙さとやりがいは一緒だと感じていた。

クライアントが助けを待っており、何百万ドルものお金が動く。そんな状況で提案するアイデアは本当によいものでなければならないとジョシュは思った。

とはいえ、皮肉なことに労働時間が長くなっても、それで必ずしもよい仕事ができるというわけではなかった。チームのリーダーとなり、これまで以上の責任を負うようになると、会社という縦社会で行わなければならない会議などの調整作業が増え、新しく学んだことや今までの経験をまとめたり、新たなアイデアを考えたりするための時間は減っていった。それでもジョシュは頑張り続けた。

年収は14万ドル（約2030万円）になった。低所得者向けの公共団地でシングルマザーに育てられた少年からしたら想像を絶する額だ。そしてプロフェットに入社して以来ずっと憧れていたクリエイティブディレクターの役職にも手が届きそうだった。次のプロモーションでなれることはほぼ確実だった。

ある日、ジョシュは職場のメンターから少し外を歩こうと誘われ、会社の駐車場に向かった。ジョシュにはそれが何を意味するかわかっていた。ついに会社にもたらした価値を反映する役職を手に入れられる。ついに自分をクリエイティブディレクターと呼べるのだ。

地味なコンクリートの駐車場を歩いていると、ジョシュのメンターは彼に向き直って言った。「残念だが、ジョシュ、選ばれたのは君じゃない」。ジョシュはその瞬間、「わかった。なら僕は辞める」と反射的に言っていた。ジョシュは踵を返すと、駐車場からひとりで帰った。仕事の魔法が解けた瞬間だった。

どんな人生を送りたいか

ナラとイトスギの森をジョシュと縦になって歩いている。「仕事を辞めたのは時間のためでも、よりよい生活、よりよい生活のペース、ワークライフバランスを手に入れるためじゃない。単純にふてくされていたからさ」とジョシュは話す。

数歩進んで何か話し始めるたびにジョシュは僕の方に顔を向けた。「次も別のブランディング会社のクリエイティブディレクターの職に応募して仕事をするだけだと思ってた」。僕が通れるようシダの枝を押しのけながら彼は言う。「でも、まずは休もうと思った」

会社を辞めた後、ジョシュはしばらく休暇を取ることにした。それだけ頑張ってきたのだ。7年間、社員がほぼ毎日1日10時間も仕事をするオフィスで働いてきた。ジョシュが同僚と一緒に遅くまで残って、「パワポのプレゼン資料の小さな入力欄に追加する言葉」を捻り出した日は数え切れない。彼はプロフェットに多くを捧げてきた。これからは会社抜きの自分を取り戻す必要がある。

ジョシュは3カ月の休暇を取ることにした。最初の2週間は想定通り、楽しいものだった。しかしそれを過ぎると居心地の悪さを感じ始めた。「それまでの7年間、1日の時間を経済的な価値に変えなきゃいけないと思って必死だった」とジョシュは話す。「だからその日1日を振り返って何も経済的な価値を生み出せていないと、その時間に価値はあったのかと疑問に思っていたんだ」

その気持ちはよくわかる。

ジョシュと歩きながら、僕もまたフレデリック・テイラーの哲学を内面化していることを思い知った。意識的であろうと無意識であろうと、僕は毎分毎秒を仕事に最適化しようとしている。自己評価と仕事の成果を強く結びつける危険性を説明する本を書いているにもかかわらず、1文字も書かなかったり、インタビューをしなかったり、文章を編集しなかったりした日は、時間を無駄にしたという感覚を拭えなかったのである。

1日の毎分毎秒から経済的価値を最大限絞り出すのに、メガネをかけた上司の監視は要らない。レジに並んでいる時間やエレベーターに乗っている時間も、メールを送るなどして無駄にしまいと、自らの活動を厳しく監視しているのは自分自身なのだ。

サバティカル中、ジョシュは次の仕事を探さなければという衝動を意識的に抑える必要があったという。忙しくしていないことに罪悪感があった。しかし、彼はその気持ちを見て見ぬふりをするのではなく、正面から向き合うことにした。「人間の短い人生の価値は、経済的な報酬がある企業に貢献することだけで決まるなんて、僕はそう信じてるのか？」と問いかけた。「そんなことない。その問いに対する僕の答えはノーだ」

次に本当はどうしたいのかと考えた。特に予定がない日々を過ごし、今2人で歩いている川沿いの道を何度も歩いて答えが見つかったという。「畏敬や感動に突き動かされた生活がしたい」と木々の間を縫うように進む中、ジョシュは言った。この状況でなかったら僕は苦笑いを浮かべていたかもしれない。でも、彼の声は真剣だった。「自然に身を置いて、そこで感じることを味わいたいんだ」

「そういう人生を送りたい」とジョシュは言った。

「でも、それは僕が仕事をする上で学んできた常識とは真逆のものだった」

ジョシュは彼自身が住む資本主義社会の現実から目を逸らしているわけではない。お金は必要だ。

しかし、労働の世界に戻っても人生にもっと感動したいのであれば、日常に予定のない時間を組み込むなどして生き方を変えなければならない。果たして労働時間を週20時間以内に収めつつ、価値を感じる仕事だけを引き受けて十分に稼げるのだろうか、と彼は思った。それは試す価値のある実験だった。

労働時間を減らす実験

ジョシュは仕事に充てる時間と使うお金を減らすところから「実験」を始めた。まずは黒人映画祭の理事会の仕事から退いた。次にリッチモンドの高級アパートからより安い地域の物件に引っ越し、クルマをランドローバーからホンダの「CR－V」に買い替えた。生活水準は下がったものの、この新しい生活には利点があった。自炊を始めたことで、健康的な食事を摂るようになったのだ。午後に友人と庭でのんびり過ごす時間も増えた。瞑想と運動を定期的にするようになった。「健康的な生活ができている」と彼は言う。「これは時間をつくることでしかできなかった」

時間の余裕ができたことは仕事にもよい影響があった。ジョシュはスミソニアン博物館や都市での農業を推進する非営利団体のプロジェクト「ハッピリー・ナチュラル」の仕事を引き受けているが、仕事に専念する以外の時間ができたことで仕事の質が上がったのである。「旧来の産業時代の雇用では、長い時間働くほど、より多くの製品が完成する」と彼は説明する。しかし、その製品がマーケティングキャンペーンのアイデアやウェブサイトの見出しなどである場合、かけた時間と成果物の質は直接的に相関するものではない。アイデアを探したり、考えた案を改善したりする余裕ができたことで、ジョシュは自信を持って世に出せる仕事ができるようになったと話す。

余暇や自由時間が創造的な仕事に良い影響を与えることを証明する研究結果は多い。ぼんやりしたり、空想したりしているとき、脳内では革新的な発想を促進するアルファ波が出ていることが知られている。[15] テクノロジーを一切使わず4日間自然の中をハイキングすると、創造的な問題解決能力が最大50%も増えることを示す研究結果もある。[16]

しかし、ジョシュは働くための燃料補給として休暇を取っているわけではない。食事中に仕事のメールが来ていないかどうかスマホの画面をスワイプして確認するときのような、半分休み・半分仕事の状態であるわけでもない。

ジョシュと共に過ごした時間の中で最も驚いたのは、彼のアクティブさだ。彼は自室の机の上に置いてある梱包用紙のロールに思いついたことを書き込んだり、3人の隣人と共有している家庭菜園でオクラの世話をしたり、地元のアーティストを支援するためにギャラリーのオープニングやイベントで話したりしていた。こうした活動はジョシュにとっては仕事に向けての充電ではない。それ自体が目的なのである。

もちろん誰もがサバティカルを取ったり、労働時間を減らしたりできる経済的余裕があるわけではない。ジョシュ自身も彼の実験がうまくいっているのは、以前の会社勤めで得たお金とスキルがあるからだと認めている。「今のこのライフスタイルは、10年前の僕にはできなかった。当時はこれをやるスキルがなかったんだ」と語る。「物事にはタイミングがあるし、できる人も限られている。でも、できそうな人が全員、このように生活したらどうだろうね。経済ががらっと変わると思うよ」

世界各国のあらゆる所得層の労働者たちも、労働を優先しない生き方を模索している。日本の若者には、昇進を避けて自由な時間を最大化しストレスを最小化しようとする「ほどほど族」と呼ばれる人たちがいるらしい。中国では「躺平（寝そべり族）」がSNSでトレンドとなっている。働き続けることを促す世間の風潮に対して積極的に抵抗する姿勢を表しているのだ。

米国のパフォーマンスアーティストであり「昼寝の司教」を自称するトリシア・ハーシーは著作や複数人による昼寝のパフォーマンスを通じて、休息が資本主義への抵抗を示す行為であると伝えている。また仕事を人生の軸にしない生き方を模索する人たちのレディットのオンラインコミュニティ「r/antiwork」には200万人以上のユーザーが参加している。

「若者たちは言葉にできないプレッシャーを感じており、これまで言われてきた約束が果たされていないように感じている」とオックスフォード大学の社会人類学教授、シャン・ビャオは「ニューヨーク・タイムズ」紙で語っている。[17]「人々は、物質的な生活の向上がもはや人生にとって最も重要なことではないと感じているのです」

労働が少ない世界がどのようなものかを考えているのは若者だけではない。国を挙げてこれを検証しようとしているところもある。

週4日労働制で人は生き生きする

アイスランドは2015年から2019年にかけて週4日労働制を広く導入する実験を2回実施した。その際、この制度が労働者に受け入れられるかどうかは問題ではなかった。仕事が減るのに同じ給料ならぜひ参加したいと大勢が言った。課題は雇用者側の反応である。

従業員の労働時間を短縮することへの主な反対意見は、企業の競争力が下がるというものだ。休めば、競合にどんどん先を越されてしまう。しかし、この考えは労働時間と成果が比例するという誤った前提に基づいている。

スタンフォード大学の経済学教授ジョン・ペンカベルは2014年、軍需品の製造に関わる労働者について調査を実施した[18]。すると労働者の勤務時間が週50時間を超えると、1時間あたりの生産性が急落することがわかったのである。勤務時間が週70時間以上のときの生産性は、週56時間のときの生産性とそんなに変わらないことも明らかになった。この研究は、僕たちが直感的に理解していることを証明している。長時間働いても、仕事の効率は上がらない。

他にも有名どころでは、米国のソーシャルメディア・スタートアップのバッファー、ニュージーランドの資産管理会社のパーペチュアル・ガーディアン、日本マイクロソフトなどが週4日勤務を試している。どのケースでも労働時間を減らすことで生産性は最大40％も増加した。また参加した労働者たちはストレスが減り、満足度が上がったと申告している。

アイスランドの研究が特段重要なのは対象者が非常に多かったからだ。2回の実験を合わせると、アイスランドの労働人口の1％以上の福利厚生や給与水準を維持したまま、労働時間を週40時間から35または36時間に短縮したのである。対象となった労働者は教師から警察官、建設労働者、レイキャビク市長官舎の職員と幅広い。

ちなみに、アイスランドは北欧の他の国よりも平均労働時間が長い。同国の社会保障制度は充実しており失業率も低いが、生産性については他の国と比べて後れを取っている。「長時間労働で疲弊したアイスランドの労働者は疲れが抜けず、そのことが全体の生産性を押し下げている」と実験結果をまとめた論文は説明している。「これは悪循環だ。低い生産性により失われた分を

〝取り戻そう〟と労働時間はさらに長くなり、〝時間当たりの生産性〟がどんどん下がっているのである[19]」

週4日勤務の実験の結果は驚くべきものだった。どの業界でも仕事の生産性は減らなかったのである。例えば、移民局では処理時間に遅れは発生しなかった。生産性がむしろ向上したところもある。政府のコールセンターに勤める人たちはしっかり休めたことで、長時間働いた統制群に比べて10％も多く電話に対応できていた。労働者たちは単純に時間の余裕ができただけでなく、趣味や社会生活、家族と接することに時間とエネルギーを使う余裕ができたと報告している。従業員に十分な休憩時間を与えてもサービスの質を維持できる。場合によっては向上することがわかったのだ。

労働時間の抜本的な改革において最大の障壁は、雇用者の変化に対する恐れかもしれない。だからこそ、アイスランドでの実験のような研究結果は非常に重要だ。労働時間の短縮は従業員の幸福感を高め、業績を向上させることがデータで証明された。労働者たちは文字通り、少ない時間で同じ量の仕事をこなすことができたのだ。

生産性についてのこうした議論は、雇用主や立法者が週の労働時間の短縮を検討する後押しになるだろう。とはいえ、同じ生産性を発揮できるという理由で、労働時間を短縮すべきではない。労働時間の短縮にはビジネス上の視点だけでなく、人道的な観点からも見る必要がある。人をよりよい〝労働者〟にするからではなく、人がより生き生きと人生を送れるから、労働時間を減らすべきなのだ。

確かに、働く時間を減らすことで人はより生産的になれる。休息は僕たちの脳の機能を助け、心と身体の回復に役立つ。けれど、それだけではない。仕事から離れる時間が増えることで人はよき友人、よき隣人になれる。子どもを学校に迎えに行ったり、家族全員で夕食を取ったりする余裕が生まれるのだ。定期的に運動をしたり、楽しむためだけに読書をしたり、他人の目には触れないかもしれない作品作りに没頭したりする時間ができる。地元の政治に関わったり、疲れたときは昼寝をしたりできる。端的に言えば、労働時間を減らすことで人はより自分らしく生きられるのだ。

「労働時間の短縮は、個人を尊重する施策に感じます」と、アイスランドの研究に参加した労働者は話している。「人はただ働くだけの機械ではありません。やりたいことや私生活、家族、趣味を持つ人間なのです[20]」

フレデリック・ウィンスロー・テイラーにも聞かせてやりたい。

ジェームズ川の中央にある大きな岩にジョシュと座っていると、鳥の鳴き声や水の流れる音が聞こえた。ジョシュは周りを見てほしいと言った。「早く動いているものはあるかな?」

ナラの木が風に揺れ、川はまるで太極拳をしているように岩を避けて流れている。「自然の中は突然、何かが起きることってないんだよね」とジョシュは話す。「種は発芽し、花を咲かせ、実をつけ、腐敗し、土に戻ってそこから新たなサイクルが始まる。どれも時間がかかるんだ」

「この先、この実験をどれくらい続けられるか心配になることはないの？」と僕は尋ねた。ジヨシュは彼らしい親しげな笑みを浮かべた。「お金の入りが悪くなった時期があったときはよく考えた。これは本当にうまくいくのか、これにその価値はあるのかって」。彼は言葉を切った。真剣に考えているようだった。

「でも、踏みとどまったよ。まだ実験室を出る準備ができていないんだ」

第 7 章

さらば、おいしい残業特典

どうして遅く帰るほうが得をするの？

洞窟に住んでいた原始人は
よい洞窟を見つけたらよろこんだはずだ。
それでも必ず洞窟の入口付近に陣取って外を見張っていた。
「背中を守りつつ、外の状況に気を配る」は
生存において非常に役立つ原則だ。
オフィスでの生活にも同じことが言える。[1]

ロバート・プロプスト（オフィスのパーティション発明者）

29歳のソフトウエアエンジニア、ブランドン・スプレイグと共にカリフォルニア州レッドウッドの木立を歩いている。髪を伸ばしっぱなしにしているブランドンは、筋トレに毎朝励む若き日のダスティン・ホフマンと似ている。裾がはみ出た青いシャツにグレーのチノパン、足元はコンバースのカラフルなスニーカーといういで立ちだった。スニーカーの柄は、自作したアルゴリズムでカスタマイズしたものだそうだ。

頭上には、ピンクと紫の夕焼けが北カリフォルニアの空を優しく照らしている。通りの左側には置き去りにされたおもちゃのように、鮮やかな赤、黄、青の自転車が散乱していた。右側には草の中から真っ白な看板が顔を出している。そこには小学生にも読みやすい字で「グーグルへようこそ」と書かれていた。

ブランドンにはお馴染みの道だ。6年間グーグルで働いていた時の通勤ルートだったのだから。テスラの電気自動車や食事の提供トラックが並ぶ駐車場を抜けて（社員ならクルマの充電と食事は無料）公園内の木立を進み、フィットネスセンターと2つのおしゃれなカフェ（社員食堂ではない）、小さなせせらぎを越えた先にブランドンの職場があった。

こうして歩いていても、どこからどこまでがグーグルのキャンパスなのかは見当もつかない。近くのサッカー場からは歓声が聞こえる。「厳密に言えば、あれはマウンテンビュー市のものだ」とブランドンは話す。「でも、グーグルが維持費を負担しているんじゃないかな」

有機農園、小さな滝、そして「グーグルマップ」の涙形アイコンの大きなレプリカの前を通り過ぎた。テニスコート、医者が常駐するクリニック、回転寿司のレストランもある。ここに勤めたら絶対に辞められないだろう。

「建物の外観は変わらないけど、よりグーグルらしくするために中身はいつも改装している」とブランドンは話す。「グーグルらしさ」がどんなものなのかを知ろうと、オフィスのガラスに額を押し付けて中を覗いてみた。偽物のヤシの木がデスクに影を落としている。カーペットの敷かれた廊下には空気でパツパツのビーチボールが置かれ、壁一面には「ワイルド」の文字がグラフィティアートとして描かれていた。僕もブランドンも社員ではないので中に入ることはできない。

よそ者を中に入れないのは当然である。世界中から観光客が訪れ、グーグルのキャンパスに点在する彫刻の写真を撮っているのだ。しかし、火曜日の夜7時、ノートパソコンの光に照らされたグーグル社員たちの群れの横を通り過ぎたとき、錠は両方向にかかっているように思えてならなかった。

グーグル創業者のセルゲイ・ブリンとラリー・ペイジが生まれる何十年も前、ジョージ・オーウェルやオルダス・ハクスリーのような作家たちは、『１９８４』（角川文庫）や『すばらしい新世界』（講談社文庫）でテクノロジーが人類を支配するディストピアを描いた。「オーウェルは、人類はテクノロジーがもたらす抑圧に屈すると警告した」とメディア理論家のニール・ポストマンは説明する。[2]「しかし、人々から自律性、成熟性、歴史を奪うのにビッグブラザーは必要ないというのがハクスリーの考えだった。人々は抑圧された状況を喜び、考える能力を奪う技術を崇拝するようになると考えたのだ」

キャンパスを歩いていると、テック企業で働いていたときのことを思い出した。ジャーナリストになる前に働いていたスタートアップでは朝は温かい食事、夜はヨガのレッスンが提供されていた。ベンチャーキャピタルから調達したお金で会社はさまざまな特典を用意していたのである。でも、今思い返せばこうしたものは社員を朝8時前から職場に来させ、日没後まで留まらせるものだ。そして社員も、ほぼ無意識に運転する長距離ドライバーのように、考えもなしに朝早くから夜遅くまで会社に通っていた。仕事が人生の中心になり、どの日がどの日だったか区別できないほど毎日が同じことの繰り返しだった。1日の労働時間を引き延ばすこうした制度は、実のところ「福利厚生」でもなんでもなかったのである。

雇い主がオフィスに求める役割

1903年、石鹸の通信販売会社であるラーキン・ソープ・カンパニーは、若き日の建築家、フランク・ロイド・ライトに対して、ニューヨーク州バッファローに「未来のオフィス」を建ててほしいと依頼した。ラーキンビルの「統制の取れた建築、レイアウト、デザイン、マネジメントを兼ね備えた職場は、マネジメントとオフィスでのすべての問題を予見し解決できるかのように思われた」と、ニキル・サバルは著書『Cubed: A Secret History of the Workplace（四角い間仕切り：オフィスの知られざる歴史）』（未訳）で説明している。

ライトの設計した建物は屋上庭園、食堂、浴場、病院、図書館、ジムを備えていた。金曜の夜にはコンサートが、日曜日には礼拝が行われる。最大の特徴は中央の職務室である。大きなガラス窓を通じて自然光が差し込む様子は、ショッピングモールの中央広場のようだ。「協力」「産業」「制御」といった20世紀初頭にビジネス界で流行した言葉が石の壁に刻まれている。この広場で社員たちは机を並べて働いていた。「全員が同じ服装、同じ髪形をした女性社員がデスクに向かい、角には4人の男性管理職が配置されていた」という。[3]

この贅沢な空間は、進歩的なオフィスデザインと権威的なマネジメントを融合させたものだった。ラーキンは、労働者のすべてのニーズを満たしつつ、彼らのすべての行動を監督できる環境をつくったのである。20世紀初頭、労働組合とストライキなどの労働運動によって会社側の力が脅かされる中、ラーキンは会社が「産業の改善」と呼ぶものを体現するためにテイラー主義的な労働環境をつくり出した。しかし、「労働者向けの福祉とされるものは、少し想像力を働かせれば、それが労働者の社会生活の支配につながるものであることがわかる」とサバルは書いている。ラーキンビルは、その先の未来にたくさん登場するシリコンバレーのキャンパスの先駆けだったのだ。

「オフィス」は一種のテクノロジーである。社員の仕事を進めやすくするための道具ということだ。しかし、ほかのどの技術でも同じようにオフィスの機能そのものよりも、それの使い方の方がはるかに重要である。使い方ひとつでオフィスは社員の協力を促す装置にも、企業劇場の舞台にもなる。仕事に没頭できる空間にも、どれだけ一生懸命働いているかをマネージャーにアピールする場にもなるのだ。

2000年代初頭にグーグルプレックス（グーグル本社）を開設して以来、グーグルの充実した福利厚生は、世間の憧れの的となっている。グーグル社員は会議と会議の合間にビーチバレーで息抜きし、デスクの側でマッサージを受け、コース料理を楽しめる。しかし、こうした設備の恩恵を真に受けているのは会社側である。社員を会社に長く留まらせるのに役立っているのだ。

シリコンバレーだけでなく、他の業界の福利厚生にも同じことが言える。例えば、人類学者のカレン・ホーはプリンストン大学での博士課程の研究の一環として、1990年代にウォール街の投資銀行で1年間働いた。そこで彼女は、企業が提供する無料のディナーと自宅までのタクシー代の負担という2つの福利厚生が、銀行業界で常態化している長時間労働を促進する中核的な要素になっていることを発見した。

社員が午後7時までオフィスに残った場合、夕食代は会社が出す。「食料品を買う時間も料理をする時間もない社員はすぐこのサービスに依存するようになった。午後7時前に帰れる日があっても夕食のためにオフィスに残る社員もいた」[4]と彼女は『Liquidated: An Ethnography of Wall Street（清算済：ウォール街の民族誌）』（未訳）で説明している。さらに午後9時まで会社にいると、帰宅するためのタクシー代を会社が払ってくれる。夕食とタクシー代の負担が、銀行員が夜遅くまで働くことを後押ししていたのである。さらに携帯情報端末の「ブラックベリー」は、「自宅にいても休暇中でも、社員をオフィスにつなぐ」状態を保つのに貢献していたとホーは指摘する。

ブラックベリー自体は廃れてしまったものの、デジタルの足枷《かせ》は今なお存在する。職場向けコミュニケーションアプリは知識労働者の意識の半分を仕事とつなげた状態にしている。労働者を片目を開けたまま眠る鮫のような状態にしているのだ。「現代の知識労働者の多くは、何かあれば数分以内にメッセージを送受信できる状況にある」とカル・ニューポートは著作『超没入：メールやチャットに邪魔されない、働き方の正解』（早川書房）で説明している。[5]「人がメールを頻繁にチェックしていると言うのは控えめな表現だ。実際のところ、人々はこうしたツールを常時使っている」

一方で法人向けにコミュニケーションアプリを提供しているスラックは、サンフランシスコの本社で自社製品が促進しているこの現象に対抗しようとしている。本社の壁に描かれた「しっかり働いて、さくっと帰ろう」のメッセージは、同社の仕事に対する哲学をひと言で表すものだ。「あなたが雇用主に引きつけられる理由が無料のカップケーキであるなら、その正当性についてよく考えてみるべきだ」とスラックの元グローバル施設ディレクターであるディーノ・ロバーツは話す。オフィスの目的は従業員が仕事を片付けるのを助け、それが終わったのなら普段の生活に戻れるようにすることだという。

グーグルプレックスと比べると、スラックの本社は地味に感じた。ジムも、等身大ジェンガも、廊下をブンブン走り回るスクーターもない。そこは、要するに働くための場所のように感じられた。

そもそもオフィスは働くための場所なのだ。オフィスが社員にとって行きつけのバーやジム、レストランである必要はない。もちろん会社がそうしたものを提供することが悪いという意味ではない。でも、仕事は生計を立てる手段なのだ。そして仕事が終わったなら、みな家に帰るべきなのである。

しかし、マウンテンビューで僕のツアーガイドを務めたブランドンにとってオフィスを去るという選択肢はほぼなかった。それはグーグルで働いていた6年間、彼の生活の拠点が会社の駐車場に停めた9平方メートルほどのバンだったからである。

グーグル社員、節約のためトラックに住み始める

ブランドン・スプレイグは、マサチューセッツ州東部の町でブルーカラーの両親の下に生まれた。母は眼科医のクリニックで働き、父は日除けをつくる仕事をしていた。自分の生き方は両親を反面教師にしている部分が大きいと、ブランドンは話す。母は「物欲が強い」と言い、小型マ

ッサージ器や食料品店のレジ近くに並ぶ小物などを衝動買いすることが多かった。父は「昔ながらの男」でバイクに乗り、1日の終わりには必ずバーに足を運んだ。ブランドンはマサチューセッツ大学アマースト校に進学するために家を出るまで、5回引っ越しをしたという。だから、「自分にとって錨となるような特別な場所を持ちたいとはあまり思わないんだ」と話す。

ブランドンは若々しい顔つきで目はキラキラしているが、落ち着きがあり、よく考えてから発言する。SNSによく投稿し(「意識がないものはすべてツールである」「ある程度お金ができると、それがすごく役に立つ機会は減る」など)、口にする言葉から購入する靴下まで、彼の行動の裏にはきちんと考えがあるのが窺えた。

ブランドンは学生時代、大学の学費を稼ぐために毎週30~40時間、マサチューセッツ州の南西部の公共交通を監督するパイオニアバレー交通局で働いた。バスの運転手として働き始めたが、そこで4年働く間に、交通局の給与計算とルート管理のソフトウェアを書き直していた(ブランドンは13歳でプログラミングを独学で習得している)。

大学3年生になると、グーグルでインターンシップをする機会を得た。それまでブランドンはマサチューセッツ州の地元から出たことはほぼないし、パスポートも持っていなかった。とはいえ、21歳の夏、カリフォルニアでのインターンシップのために初めて国の反対側へと向かったのである。

昼寝スペースやバレーボールコート、キャンパス内のドライクリーニングサービスを備えたグーグル本社はパイオニアバレー交通局とは何もかもが違った。しかし、ブランドンにとって最も衝撃だったのはベイエリアの生活費の高さである。シリコンバレーで夏を過ごす間、3人のルームメイトと2ベッドルームの部屋を借りた。それぞれが家賃に月2000ドル（約29万円）以上を支払った。ブランドンはそんな大金を払うことに不満を感じた。だから、翌年グーグルよりフルタイムの仕事のオファーを受けたときから、ブランドンは生活費を最小限に抑えながら、そこでの暮らしの恩恵を受けるにはどうすべきかを考え始めた。

学生ローンが2万2434ドル（約325万円）、貯金が数百ドルの状態でブランドンがサンフランシスコに向かったのは2015年5月のことである。正式なグーグル社員になるまで2週間あり、引っ越し手当は初給料の支給日まで支払われない。幸い、グーグルは新入社員が一時的に住めるキャンパス内の社宅（もちろん、Gスイート（GSuites）と呼ばれている）を用意していて、ブランドンは仕事が始まるまでそこに滞在した。その間、彼は温めていた計画を実行に移した。地元の信用組合から9500ドルを借り、住まいとなるクルマを探すことにしたのだ。

ブランドンはカーゴトラック専門の中古車ディーラーであるグリーンライト・モーターズに向かった。1万ドル（約145万円）以内で買えるものはあまりなかった。しかし、駐車場の奥にトラックレンタル会社「バジェット」のオレンジ色のロゴがあせた白いトラックが置かれているのを発見する。ヘッドライトのひとつは緩んでいて、屋根にはひびが入っており、床も修繕が必要だった。それでも、ブランドンはこのトラックに心惹かれた。子どもの頃、たくさんの時間を過ごした祖母の家でのひとコマを思い出したのだ。祖母の家には持ち手がセラミックでできた古い銀製品がたくさんあった。ある日、ブランドンが持ち手が割れていたり、欠けているスプーンを避けていることに気づいた祖母はこう言った。

「ブランドン、壊れたスプーンにも愛が必要なんだよ」

16フィート（約4・88メートル）のボロボロのトラックを見ながら、祖母の言葉が甦った。「このトラックに愛を注ごうと思った。きれいに掃除すればいい。必要なら修理だってできる」とブランドンは話す。彼はその場で購入を決めた。

そして正社員として働き出したその日からの5年間、ブランドンはグーグルのキャンパス内か、キャンパスのすぐ近くに停めたこのトラックの中で生活した。入社して1年後、グーグルは6桁ドルもの給料を稼いでいるソフトウエアエンジニアが、会社の駐車場に停めたトラックで生活しているという話を聞きつけ、キャンパス内に停めた車両で寝泊まりすることを禁止した。そこで、ブランドンは会社がある通りの向こう側にクルマを停めるようになった。

インテグレーターとセグメンター

仕事とプライベートをどのように分けたいかは人それぞれである。労働者は大まかに2つのタイプに分けられるとペンシルベニア大学ウォートンスクールの経営学教授であるナンシー・ロスバードは指摘する。仕事と私生活の境界が曖昧でも気にしない「インテグレーター」と、仕事と私生活を明確に分けたい「セグメンター」だ。

ある調査でロスバードは「セグメンター」タイプの消防士の時間の使い方を調べている。[6] 彼にはシフト終わりに決まって行うルーティンがあった。仕事靴をビーチサンダルに履き替え、家に帰ったら真っ先にバスルームへと向かう。また、仕事用のブーツは家に持ち込まず、シャワーを浴びて着替えるまでは子どもたちをハグしないというルールを設けていた。彼にとって物理的にも精神的にも仕事を家に持ち込まないことは、自宅での時間を大切に過ごすために重要だったのだ。

一方で、ロスバードの同僚である組織心理学者のアダム・グラントは「インテグレーター」である。彼は仕事と私生活の境界が曖昧でも気にならないタイプだ。[7]「妻と出会うまで、私にとって理想的な土曜日の過ごし方は、朝7時から夜9時まで仕事をすることだった」と彼は自身のポッドキャストでロスバードに話している。「メールを未返信のままにしていると思うだけで身体が痛くなるんだ」。グラントにとって仕事は疲れるものではなく、エネルギーを与えてくれる楽しいものなのだという。「僕にとっては、〝映画を見に行ったから休まなくちゃ〟と言っているようなもの」と冗談めかして話す。「そんなことしないだろう？　楽しむために映画を見に行って、実際楽しかったんだから休みなんて必要ない」

あなたの職業が火事の火消しだろうと、ビジネス上の問題の火消しだろうと、自分がインテグレーターかセグメンターかを知ることは、仕事とプライベートの線引きをしたり、どう働きたいかを上司に伝えたりするのに役立つはずだ。例えば、セグメンターは勤務時間が定まっていた方が働きやすいかもしれない。インテグレーターは勤務時間を決めず、仕事の合間に運動や育児のような個人的なタスクを挟めたほうがやりやすいかもしれない。

マネージャーもこうしたタイプの違いに気をつけたい。同じような働き方が、どちらのタイプの労働者に対しても効果的とは限らないからだ。インテグレーターは自分のペースで仕事をこなせる柔軟なスケジュール管理を望むかもしれないが、予定が細かく定まっていることを好むセグメンターにとっては、その柔軟性がかえってストレスになることもある。

グーグルで働き始めたばかりのブランドンはインテグレーターだった。[8] 仕事とプライベートの区別はほとんどなかった。毎日、夜明け頃に起床して会社のジムで運動し、会社のバスルームでシャワーを浴びて、自分のデスクで仕事をし、会社のカフェテリアで夕食を食べてからトラックに帰宅した。友人のほとんどもグーグラー（グーグルの社員）だった。トラックをイベント会場としたハロウィンパーティー「トラック or トリート」を主催し、トラックの白い壁に映画『ホーカス ポーカス』を投影して同僚たちと鑑賞することもあった。職場と同じ建物で洗濯をし、洗濯中は毎回自分のデスクに座って終わるのを待った。予定がない夜はオフィスをぶらぶらして、寝る時間になるまでプログラミングをした。

「仕事量が多いわけじゃない。ただ他に何をすればいいのかわからないんだ」と彼は当時のブログに書いている。[9] しかし、グーグルで働き始めて6カ月が過ぎた頃、起きてから寝るまでの70%から80%の時間を会社の事業を推進するために使っていることにブランドンは気づく。与えられた仕事を「ゾンビのように、ひたすらこなすだけの生活だった」と言う。

働いている時間とそうでない時間をより明確にする必要があるとブランドンは思った。そこで生活を変えることを決意する。働く時間を減らそうと思うだけではダメなことはわかっていた。仕事以外の時間を意識的に確保しなければならない。そのために仕事とその他の生活を分ける仕組みをつくった。

まずは勤務時間を設定してそれを厳守することにした。働く時間は朝8時から16時まで。16時になったらキャンパス内の別の場所でも、近くの公園でも、マウンテンビュー市街のカフェでも、必ず物理的に場所を移動する。それでも食事はキャンパス内で取ることが多かったが、仕事をしている建物と同じカフェテリアでは食事をしないようにした。何年間かはこの新たなルーティンと仕事とプライベートの住み分けはうまく機能した。

しかし、新型コロナウイルスのパンデミックで状況は変わってしまう。２０２０年3月、グーグルはオフィスを閉鎖する。これはブランドンにとって自宅の一部を失うことを意味した。エアビーアンドビーで部屋を1週間借りて滞在し、その後別の物件を2週間借りたが、グーグルのジムやカフェがすぐに再開される様子はなかった。好きな時にシャワーを浴びたいなら部屋を借りなければならない。

トラックは手放さなかったが、1年間カリフォルニアの海岸近くにある部屋を借り、そこでこれまでの習慣を新しい在宅勤務のライフスタイルに応用した。毎日同じ時間に働き、仕事用のデスクは仕事のためにしか使わない。「働くときはそこで働く。働いていないときは別の場所にいる」とブランドンは話す。

また、生活における仕事の役割を明確に決めることにした。「僕にとって仕事はいつだってツール、つまり生計を立てる手段だった」と語る。「特にグーグルのように、非常にアクティブで強い文化のある会社では、会社の文化を自分の文化にしたいかどうかを決めなきゃならない」

ブランドンにとってその答えは「ノー」だった。それは毎朝、文字通りオフィスで寝起きしていた人の決断としては意外なものに思えるかもしれない。しかし、ブランドンはプライベートと仕事の境界がどれほど簡単にあやふやになってしまうかを理解していた。ブランドンは仕事について話すとき、自身を「グーグラー」と呼ぶのではなく、「グーグルで働いている」と説明する。その言葉遣いにも、仕事は生活の一部でしかないという、生活における仕事の役割についての彼の考えが表れている。

オープンオフィスは仕事に集中しづらい

新型コロナウイルスによるパンデミックはセグメンターにもインテグレーターにも、困難な状況をもたらした。仕事と私生活の空間的、時間的な隔たりがなくなった知識労働者は自分自身でその線引きをすることを余儀なくされたのである。３００万人以上の労働者を対象とした全米経済研究所の調査は、在宅勤務により会議の回数は13％増加し、１日の労働時間は８％増加したことを示している。[10] これは労働時間が１人あたり平均で48分以上増えたことを意味する。

「こうした労働時間の増加は、仕事と私生活の隔たりが曖昧になった結果と考えられる。自宅とオフィスが一緒になったことで仕事を切り上げるのが難しくなった」と研究者たちは書いている。失業率が記録的な水準に達した期間中も仕事を続けられた多くの人は在宅勤務をすることとなった。だが、それは自宅で仕事をする生活ではなく、オフィスで寝起きするような生活だった。これは自宅で子育てしながら働いていた人は特に感じていたことだ。ビバリー・ソテロもそのひとりである。

ビバリーはカリフォルニア州オークランドの小学校で教師として働いている。パンデミックの間も35平米のワンルームで1年生の授業を受け持っていた。その背後で5歳の娘のシーサは幼稚園のリモート授業に参加した。「親をフルタイムでできませんでした。まず先生をしなければならなかったのですから」とビバリーは話す。パンデミックはシングルマザーである彼女を含む多くの親に仕事と育児の両方を同時にこなすことを強要した。

ワンルームの一角に娘用のスペースをつくった。娘を座らせ、その前にノートパソコンを立てた椅子を置く。ビバリー自身は部屋の反対側でヘッドフォンをつけて授業をした。１、２時間おきに、ビバリーは1年生の生徒たちに少しの間、お絵描きをするように指示してカメラをオフにし、娘の様子を見た。ある時からアパートの真ん中にテントを設営して自分だけの小さな空間を持てるようにしたとビバリーは言う。「もう、地獄でした」と彼女は言う。「ほかにふさわしい言葉がみつかりません」

とはいえ、パンデミックが発生する前から多くのオフィスは、5歳の子どもがいるワンルームと同じくらい気が散る環境だった。シリコンバレー以外でも一般的になっているオープンオフィス（パーティションを設けず、ひとつの空間にデスクが並ぶオフィス）は、開放的なコミュニケーションを促進し、作業の効率を向上させると言われている。サバルが『四角い間仕切り』で説明するように、「部署や社内の等級が異なる2人の社員が偶然出会い、突発的な話し合いによる摩擦によって燃え上がるようなイノベーションが起きる」というのだ。

経営陣はこうした「給湯室マジック」をアピールするのが好きだが、同じ空間で働くことが創造性や協力のために必要不可欠であることと示す証拠はない。[11] むしろ、オープンオフィスでは生産性と対面でのコミュニケーションは減少することを示す研究もある。[12] オープンオフィスで働く社員はより長い時間働くプレッシャーを感じ、エンゲージメントが低下するのだ。「オープンオフィスはコスト削減の方法としても、オフィス内の全員が特定の瞬間に他の人たちが何をしているかを監視する方法としても機能する」とアン・ヘレン・ピーターソンは説明している。[13]「かつて標準だったプライベートなオフィスとは異なり、ほとんどの人はオープンオフィスでは仕事に集中しづらいと感じている。同僚に作業を中断されることが多いし、ヘッドフォンをすれば周りからは冷たく非協力的だと思われてしまうのです」

仕事に何を求めるかは、自分で決めなければならない

２０２２年1月、ブランドンはクルマの鍵を開け、移動式住居の中を見せてくれた。車内の簡素な内装には驚いた。１９８０年代によく描かれた未来的な独房のようだったのだ。家具は２つしかない。ひとつはアマゾンで購入したというツインサイズのマットレスが載った金属製の簡易ベッド。もうひとつはワードローブ、本棚、薬入れとして使われている背の高い黒い棚だ。約１週間分の衣類がそこに仕舞われている。アークテリクスのジャケットが2着と特別な日のために着るスパンコールをあしらったマーメイドの衣装などだ。壁には青いマスキングテープで銀色の断熱パネルが貼り付けられていた。「居心地をよくしたいわけじゃないんだ」とブランドンは語る。「外に出たくなるようにしたいわけだから」

ブランドンが外で過ごす時間は増えている。1年前にグーグルを辞めたのがきっかけだ。「同じ4つの壁を見つめていると飽きてくるんだ」と言う。彼の言葉に皮肉は少しも含まれていない。２０２１年の初め、ブランドンは8人の人工知能スタートアップに参画した。その会社のオフィスにカフェや洗濯室はない。「ただの仕事だよ」とブランドンは話す。

自宅を紹介してもらった後、ブランドンと僕は彼の郵便物を受け取るために、グーグルのキャンパスからクルマで少し移動した場所にある私書箱に向かった。信号待ちの間に遊べるシャボン玉のおもちゃ以外、トラックの運転席には何もない。ルート101を南下し、テック企業のオフィスや、グーグルの幹部がＮＡＳＡから特別な許可を得てプライベートジェットを停めているモフェット・フェデラル飛行場を通り過ぎた[14]。

「僕の人生はあまりに恵まれていたからすごく罪悪感があるんだ」と、運転席とトレーラーを隔てる金属製の扉がガタガタと鳴る音を背景にブランドンは話す。「でも、罪悪感は強力なモチベーションになると思う。だからそれを利用するつもりだ」

ブランドンは罪悪感を糧に、次のキャリアを切り開こうとしている。彼はグーグルの元同僚と一緒に、南オレゴンに移住して非営利団体を設立した。「シリコン・アレー」と名付けられたこの団体は、気候変動と所得格差の問題に取り組む非営利団体に、補助金を通じてテクノロジーコンサルティングを提供することを目的としている。

雇用主からのシャワーや食事の提供がなくなったので、トラックを持っている意味もなくなってしまったという。「このトラックは人生をうまく進めるための道具だった」と車線を変えながらブランドンは淡々と話す。「でも以前のような生活をもうしないなら、これはもう必要ないんだ」。彼はこの日の前日に、トラックを売りに出していた。

ブランドンの確固たる信念は新鮮に感じる。彼のブログを見つけて初めて連絡を取ったとき、どんな話を聞けるか想像がつかなかった。雇い主の駐車場に停めたトラックに住むソフトウェアエンジニアの話は、仕事に完全に浸った生活の危険性を示す興味深い事例になるかもしれないと勝手に思っていた。しかし、ブランドンの話はそのような単純なものではなかった。ブランドンと同じ選択をするかどうかは別として、仕事への取り組み方をある程度自由に選べる幸運な人にとって重要なことは、仕事と人生の線引きを意識的に決めることだ。そうしなければ仕事は風船のように膨らみ、人生の余白はどんどん奪われてしまう。

どのようなワークライフバランスがあなたにとって最適かはわからない。あなたもブランドンと同じように、仕事をする時間としない時間を明確に分けた方が生きやすいかもしれない。あるいは、生活に仕事のタスクを組み込んでも問題なくこなせるかもしれない。

いずれにしろ、僕に言えることは、そしてブランドンのトラックの助手席で揺られながら気づいたことは、仕事とのよい関係を築くためには、仕事との関係に何を望むかを意識的に決めなければならないということである。そうしないと、あなたの雇い主が喜んで、あなたの代わりにそれを定義することになるだろう。

第8章

さらば、出世競争

肩書きは本当に成功の証だろうか？

この年になると、人生の成功は、
愛されたいと思う人たちに
どれだけ愛してもらえているかで測るようになる[1]。

ウォーレン・バフェット（投資家）

ケイ・ハイは子どもの頃からずっと人生はゲームのようなものだと思っていた。ニューヨーク市で生まれ育った第1世代のカンボジア系米国人でオタク気質のケイにとっての最初のゲームは周りに認めてもらい、居場所をつくることだった。小学生時代を過ごした1990年代初頭、ケイの名前は珍しく、浮いていた。マイケル・ジョーダンの最新シューズは買ってもらえず、厳格な両親には10代になってもデートをすることを禁じられていた。だから幼いケイはお金を稼ぐことにエネルギーを注いだ。

ゲームのルールはシンプルだ。お金を稼ぐ。するとステータスが上がる。ステータスが上がれば仲間にしてもらえる。中学生時代はコミック誌や野球カードを集めた。特段好きだったからではない。いずれ価値が上がることを知っていたからだ。小学5年生頃からスタイタウンのフリマの常連で、カードを売って利益を得ていた。

高校に入ると、ケイは当時盛り上がり始めていたインターネットに目を付けた。やがて地元の企業も自分たちのウェブサイトを持つ必要が出てくると踏んで、HTMLの基本技術を独学で習得した。そして両親の友人らに自分のスキルを売り込み、旅行代理店や花屋などのウェブサイトを作成したのである。

ケイには人生の目標が大きく2つあった。金を稼ぐことと、一流大学に入学することだ。ケイはそのどちらも達成する。アルバイトをしながら、UN（国際連合）インターナショナルスクールの高等部を首席で卒業し、イェール大学に入学した。

大学でもゲームは続いた。専攻はコンピューターサイエンス（計算機科学）に決めた。卒業後の平均初任給が最も高かったからである。空いた時間は大学の図書館でアルバイトをした。勉強しながらお金を稼げたからだ。週末も引っ越し作業員として働き、飲み代を稼いだ。大学1年生の頃から卒業後の進路について考えていた。ケイの目標は収入を最大化することであり、イェール大学のようなところでそれを実現する最も簡単な方法は大学で実施される企業の新卒採用に参加することだった。

将来に目を輝かせる高校生の大半は、大学の入学願書に将来の夢は金融やコンサルティング業界で働くことだなんて書かない。それでも、この2つの業界は一流大学の学生にとって最も人気の就職先である。その理由の一端は、学生が仕事に応募するのではなく、会社の方が学生を採用しに来てくれるからだ。毎年春になると、企業はブリーフケースとテカテカしたパンフレットを携えた採用担当者をキャンパスに派遣し、次世代のインターンやジュニアアナリストたちを熱心に勧誘する。そして政治から詩までさまざまな分野の単位を取得しているケイのような野心的な大学生はトップ企業に入社することを目指して、タンクトップやスウェットから、スーツに着替えるのである。

一流大学と同じように、銀行やコンサルティング会社にもランキングが存在する。ゴールドマン・サックスとマッキンゼーが最上位に位置し、ベイン、モルガン・スタンレー、ボストン・コンサルティング・グループなどが続く。各社の採用担当者たちは会社説明会で独自の文化やインターンを通じて習得できるつぶしのきく能力について熱心に語る。だが、学生らはこうした企業の最大の魅力が何かをよく知っている。高い給料だ。ケイが就職活動をしていた1990年代後半、まだシリコンバレーの企業は魅力的な就職先としては見られていなかったので、特にこの傾向は強かった。

多くの移民と同じようにケイの両親は努力と謙虚さが大事だと子どもに教えていた。しかし、幼いケイは下位中流階級の両親にとってお金がどれほど悩みの種になっていたかを知っている。家族総出で数カ月間貯金してやっと買ったプリンターが、強盗によって父の手から奪われるのをケイは見ていた。その後ケイの家族が新しいプリンターを手に入れることはなかった。

卒業が近づく頃、ケイは就きたい仕事を弁護士、銀行員、エンジニア、医者の4つに絞った。どれも年収がよいからだ。最終的に銀行員になることを選んだ。お金を稼ぎ、ステータスを獲得し、認めてもらうのにうってつけだった。

採用期間中、投資銀行の採用担当者らは業界の華やかさをアピールした。黒いクルマが迎えに来て、ケイとクラスメイトは大学のあるコネティカット州ニューヘイブンの町でも最高級のレストランに招待された。若いアソシエイトたちはケイに50ドルのウィスキーのショットを奢り、期末ボーナスの多さやクライアントとのディナーの豪華さを熱く語った。投資銀行での昇進の道筋ははっきりしている。インターンからアナリスト、アソシエイト、バイスプレジデント、ディレクターになるのだ。トップに上り詰めるには何をすべきかも明確である。

銀行員としての最初の10年間、ケイは着実に昇進を重ねた。大学の夏休みと卒業後の数年間はウォール街で働き、その後、世界最大の資産運用会社であるブラックロックに落ち着く。仕事は順調だった。だが、これは自分のやるべきゲームではないような違和感を抱くこともあった。ケイが背中を追い、いずれ同じ道を辿ることになる先輩たちは、子どもたちが背後で遊んでいるなか、土曜朝の会議に電話で出席していた。ケイは週に70時間は働き、同僚のボーナス支給額が自分より高いと知ると悔しくなった。けれど、豪華なディナーや新しいスニーカーには以前ほど気持ちが昂らなくなっていた。

靴の中に紛れ込んだ小石のような不安が胸の内にあった。しかしケイはそれを無視し、どんどん上を目指す。28歳でニューヨーク市にアパートを買った。30歳になるまでに年収は100万ドル（約1億4500万円）を超えた。そして31歳の若さでブラックロック史上最年少のマネージングディレクターに昇進したのである。目指すべき昇進やボーナスが必ずあり、それらは不安を一時的にかき消してくれた。しかし、何かを達成する度に物質的な成功に対して免疫が高まっているようだった。「成功は中毒のようなものだ」とケイは話す。「初めてハイになると幻覚を見る。でも、それが毎日続くと、朝起きて平常心を保つためだけに10回はクスリをキメなきゃならなくなる」

限界を迎えたのは33歳の時である。その日は親友の結婚式に行く予定だった。髪がごそっと抜け落ちているのをケイのガールフレンドが見つけた。後日、ストレス性の脱毛症が原因と知る。

とはいえ、数時間後には結婚式に向かわなければならない。ケイはあわてててなんとかする方法をググった。近くの薬局で脱毛症用のコンシーラーが売られている。露出した頭皮を覆い隠す髪用のスプレーだ。けれど、式が終わってトイレの鏡を見ると、スプレーが落ちて首に染料が垂れていた。

そこには、これ以上ないほどの成功を収めた男の姿があった。高校の成績優秀者で、イェール大学を卒業し、世界最大の資産運用会社の史上最も若いマネージングディレクターだ。それにもかかわらず、あまりのストレスで髪が抜け落ちている。

この15年間、銀行口座の残高がいつかすべての悩みを解消してくれるとケイは信じていた。しかし、鏡に映っているのは真っ白なシャツに黒いスプレーが飛び散った脱毛症を患う33歳の男である。これ以上富と地位を得ても気分が晴れることはないことは明らかだった。

ピカピカの履歴書を追い求める人生

「誰彼が成功している」と言うとき、おそらくそれはその人が健康で幸せであるという意味ではない。米国人はあまり認めたがらないが、「成功」は大抵の場合、その人が大金を稼いでいることを意味する。

２０１９年に実施されたアンケート調査は、「あなたにとっての成功はどのようなものですか？」と参加者に尋ねるものだった。回答者の97％は「その人にとって関心があることを追求し、才能を存分に発揮して、気にかけている分野で最高の自分になることができたのなら、その人は成功している」という説明文に同意した。しかし「成功とはどのようなものですか？」という質問に対して同じ説明文に同意した回答者は8％に過ぎない。92％の人たちは「その人が金持ちで、素晴らしいキャリアがある、あるいは有名なら成功している」という説明文に同意していた。[2] つまり、回答者の大多数は、他者は「成功」を富や名声、地位で定義すると信じていたが、それが自身の思う「成功」の定義だと思っていたのは10％未満ということだ。

たとえ成功の定義が富や名声、地位とは関係がないと主張する人でも、その人がその信念に沿って行動するとは限らない。米国人の多くは、作家のデイビッド・ブルックスが「履歴書の功徳」と呼ぶものによって駆り立てられている。[3] つまり、履歴書に載せられる学校の成績や仕事の肩書き、受賞歴などのことだ。履歴書の功徳は、他者に認められることに意味がある、野心の採点項目のようなものである。さらにこのソーシャルメディアの時代、短い自己紹介文や日々の個人的な投稿など、他人に自身の成果を見せつける機会は溢れている。

ケイも履歴書の功徳を追い求めていた。

下層中流階級の家庭から社会の上位1パーセントまで上り詰めたのだ。ケイの得た地位、教育、資産は、どれもこの社会が成功と見なすものである。それでも、ケイは幸せではなかった。

ケイが極めようとしたステータスゲームは成績上位を目指す学生、優良企業に就職したい求職者、昇給や昇進のために働く労働者が参加しているのと同じゲームである。このゲームは人類が集団を形成し始めて以来ずっと存在してきたが、多くの人にとっては苦しみの元凶にもなっている。

人類の祖先にとって、ステータスは生存に直結した。ステータスが高ければ食物や配偶者、安全を手に入れやすくなる。[4] 今でも同じことが言える。ステータスが高ければデートはうまくいき、ローンの申請が通り、質の高い医療を受けられる。科学者のロレッタ・ブルーニングは著作『Status Games: Why We Play and How to Stop（ステータスゲーム：なぜ私たちはプレイし、どうやって止めるか）』（未訳）で、『自然環境において社会的な地位は生死に直結する。だから、淘汰の結果、社会的な地位の変動に対して生死に関わるのと同じくらい強力な反応を示す脳ができたのだ」と書いている。[5]

人間の脳は、ステータスが上がるのを感じると報酬としてセロトニンを放出する。しかし、セロトニンの分泌時間は短く、すぐに代謝されてしまう。高揚感が薄れると、僕たち人間はもっともっととそれを求めるようになるのだ。

ステータスは優れた成果を出そうと向上心を刺激する一方で、依存を招くこともある。常に高い地位を巡って競っていると不安やストレスに晒され、現状に満足できなくなる。この現象は、従業員の地位が明確な職場では特に顕著だ。職場では給料で労働者の価値が決まる。肩書きは労働者を相対的にランク付けするものだ。昇進の見通しは、労働者に上を目指す意欲を与える。しかし、自分がステータス以外に大事にしたいものが何かわかっていない状態でゲームに参加すると問題が生じる。自己評価が外的報酬にだけ結びついていると、人は満腹感を得ることなく、目の前にぶら下げられた人参を一生追い求めることになるのだ。

「自分が本当に望んでいるものが何かを知らないと、ステータスを追い求めることになります」とシカゴ大学の哲学者アグネス・カラードは話す。「人は自分が定義した〝成功〟を信じられないとき、他人にそれを定義してもらうのです」

ただし、これは必ずしも悪いことではないとカラードは言う。賞の獲得や他者に認めてもらえる地位を目指すことは、頑張るモチベーションになる。しかし、他人の価値観を鵜呑みにすることは自律性を損なうことになりかねない。自分にとっての「成功」を目指すのではなく、周囲の言う「成功」を目指してしまうのである。

外的報酬とモチベーションの関係

特定の状況ではステータスの追求は明確な目的のためにある。例えば、ビデオゲーム。ほとんどのゲームは明確な目標とランク付け可能な成果を設定している。パックマンの目標はすべてのクッキー（ドット）を食べること、スーパーマリオブラザーズの目標はプリンセスを救うことだ。ビデオゲームの魅力は「価値のわかりやすさ」にあると哲学者のC・ティ・グエンは指摘する。ゲームの目的はシンプル。ポイントを獲得し、ボスを倒すことだ。[6]

ケイが経験したように、投資銀行のような組織における「成功」も明確である。それは稼いだ金額（会社の売上と個人の給料）で決まる。昇進やボーナス、昇給はパックマンが獲得すべき迷路に置かれたドットと同じだ。すべて集めれば勝てる。

こうしたわかりやすさに僕たちは魅力を感じる。あなたの考える「成功」の定義はもっと複雑かもしれない。けれど「シンプルで定量化された価値基準が提示されており、それが会社全体で共有されている場合、その価値基準は個人のより複雑な価値基準を上書きしてしまうものなんだ」とグエンは説明する。なぜなら、自分だけの価値観を定義するよりも、ゲームの価値観を採用した方が楽だからだ。グエンはこの現象を「価値基準の上塗り」と呼んでいる。

これは僕たちの普段の生活でも起きている。このような経験はないだろうか。健康のためにフィットネストラッカーを買ったが、1日の目標歩数を達成することばかり考えてしまう。学生の背中を押したいと思って教授になったが、いつのまにか自分の論文がどれだけ他の論文に引用されたかが気になって仕方がなくなっている。他人と交流しようとSNSを始めたが、いつのまにかいいねやシェア数を増やそうと躍起になっている。当然ながら、歩数や引用数、いいねの数を最大化することは、こうしたステータスゲームが行われているプラットフォームにとって有益だ。

組織レベルでも「価値基準の上塗り」は起きる。「USニューズ&ワールド・レポート」誌は優れた高等教育機関のランキングを毎年発表している。これが登場するまでロースクールの総合的なランキングは存在しなかった。それまで各教育機関は独自のミッションと専門分野を追求していた。例えば、ある学校は法理論を、別の学校は企業訴訟に焦点を当てた教育を提供していたのである。だから、学生は進学先を決めるにあたって、まず自分にとって何が大事かを明らかにし、それにぴったりの学校を選んだ。しかし、「USニューズ&ワールド・レポート」誌のランキングがこれを一変させる。

14年にわたる研究で、ウェンディ・ネルソン・エスペランド教授とマイケル・サウダー教授は、ロースクールのランキングがどのように「不安を駆り立てるエンジン」になったかを明らかにしている。[7] この報告書によると、ランキングが重視するGPA、LSATスコア、卒業生の就職率に基づいて、大学は入学基準や教育における優先順位を変更した。そしてランキング上位に入ることを優先した結果、専門分野とミッションの多様性がなくなっていったのである。また、学生側も志望校を選ぶ上で、他の要素よりランキングの順位を重視するようになった。ランキング上位の学校がそのまま、学生たちにとって人気の進学先になったのである。

ただし、「USニューズ&ワールド・レポート」誌がよい学校の基準をつくったことが問題なのではない。学生と教育機関が、ランキングの価値基準を鵜呑みにし、自分たちが重要視する価値に向き合わなくなったことが問題なのだ。他の誰かが成功とは何かを定義してくれるなら、わざわざ自分でそれを定義する必要はなくなるのである。

キャリアの早い段階で僕もこれを身をもって体験した。テック業界で5年ほど働き、企業向けのマーケティングキャンペーンのプレゼン資料を毎日作りながらもジャーナリストになりたいという気持ちがずっとあった。そこで夢の実現に向けて、コロンビア、UCバークレー、スタンフォードなど国内で最も名誉あるジャーナリズムの教育プログラムを提供している大学院に入学願書を提出した。

願書を出したことで夢に向かって進んでいる気持ちになった。やるべき課題や取り組むべき論文が用意される。僕もゲームは得意な方だった。これまでも学業のハードルを飛び越えるために頑張ってきた。でも法律や医学の世界とは異なり、ジャーナリストになるのに学位が絶対に必要というわけではない。家族の多くが大学院に行っているから僕はそれに倣ったまでだ。だからこそ、入学が認められた時、本当に通うべきかどうかがわからなくなってしまった。

僕はメンターで作家のロビン・スローンに助言を求めた。小雨が降る朝、オークランドの高速道路の高架下にあるカフェで話をした。僕の思う大学院に行くメリットとデメリットをひとしきり話し終えると、スローンは核心に迫る質問をした。「もし大学院に行ったことを誰にも言えなかったとしても通いたいと思うかい？」

この質問をしてくれたスローンには本当に感謝している。この時初めて、本当に学ぶことに興味があるのか、それとも単に修士号がほしいだけなのかと、自分の内発的な動機について意識を向けることができたのだ。最終的に進学を決めたし、その決断には満足している。しかし、スローンのこの質問がなければ、他人がどう思うかに関係なく、自分が本当に大事にしている価値観についてちゃんと考えることはなかったかもしれない。

公的なランキングや報酬は、小学校に上がる前の子どもたちの行動にも影響を与えることがわかっている。動機付けに関する心理学の有名な実験がある。マーク・レッパー、デイビッド・グリーン、リチャード・ニスベットの3人の研究者は、幼稚園で子どもたちの自由時間の過ごし方を観察した。そしてお絵描きが好きな子どもたちを3つのグループに分けた。

実験の初めに1つ目のグループの子どもたちには、名前が書かれた金の星と赤いリボンがついた賞状を見せ、絵を描いた人に渡すと伝えた。2つ目のグループの子どもたちには賞状のことは伝えず、授業終わりに絵を描いた人に賞状を渡した。3つ目のグループの子どもたちには賞状について説明せず、渡すこともなかった。

実験の2週間後、研究者たちは再び教室を訪れて、子どもたちが自由時間に何をしているかを観察した。すると2つ目と3つ目のグループの子どもたちは、実験前と同じくらい絵を描いていた。しかし、1つ目のグループの子どもたち、つまり絵を描いたら賞状がもらえるとわかっていた子どもたちは、実験前よりも絵を描かなくなっていた。子どもたちの絵を描くことへの興味をそぎ落としたのは賞の存在ではなく、絵を描いたら賞がもらえるという約束だったのである。

この調査結果をまとめた論文、「外的報酬による子どもたちの内発的関心の低下（"Undermining Children's Intrinsic Interest with Extrinsic Reward"）」は、人の動機づけを説明する上で最もよく引用されている研究だ。[8] レッパー、グリーン、ニスベットは、外的な報酬が約束されていると、その活動から得られる内的な満足度が減少すると結論づけた。学生や大人を対象に同様の実験が行われているが、どの研究もある活動に条件付きの報酬を付けると、その活動が遊びから仕事に変わってしまうことを示している。

ダニエル・ピンクが２００８年発売のベストセラー『モチベーション３・０持続する「やる気！」をいかに引き出すか』（講談社）で書いたように、「報酬がその人の自由を損なうものなら、それはモチベーションのバケツに穴を開ける可能性がある。活動そのものから楽しさが失われてしまう」[9] のだ。

読書だろうと運転だろうと、特定の活動に外的な報酬が紐づくと、その活動との関係性が変わる。これは誰しもが経験していることだろう。外的な報酬のためだけの活動から持続的な満足感を得られることはめったにない。古いことわざにもある。

「ロックフェラーさん、お金はいくらあれば十分なんです？」

「あともう少しだけ」

ケイの人生は「こうすれば、こうあれば幸せ」という考えに支配されていた。よい成績を取れば、いい大学に入れる。よい大学に入れば、高い給料の仕事に就ける。高い給料の仕事に就ければ、よいものを買える。よいものを買えば、幸せになれる。しかし、欲しいものを手に入れるたびに報酬から得られる満足感は減るばかりか、達成すべき目標はどんどん遠のいていっているように感じられた。

ハーバードビジネススクールの教授であるマイケル・ノートンは、2000人以上の富豪を対象とした研究でこの現象を調査している。ノートンは対象者に2つの質問をした。

・1から10で表すと、あなたの幸福度はどのくらいですか？
・10点満点の幸福度を得るにはあとどれくらいのお金が必要ですか？

持っている資産が100万ドルでも、200万ドルでも、500万ドルでも、回答者の答えは同じだった[10]。今持っている金額の2～3倍あれば幸せになれる、と。

一流のアスリートも「こうあれば幸せ」の罠に陥りがちである。NBAでの10シーズン中にオールスター選出8回、得点王4回、MVP賞を獲得した名プレイヤーのケビン・デュラントは2017年、ゴールデンステート・ウォリアーズを優勝へと導いた。しかし、その夏頃からデュラントは孤立し、落ち込むようになった。当時、ウォリアーズのアドバイザーだったスティーブ・ナッシュはこう語っている。

「彼は彼のしていることの意味を探していた。優勝すればすべてが変わると思っていたが、そうはならなかった。幸せを感じられなかったんだ[11]」

史上最も成功した水泳選手のマイケル・フェルプスも2回五輪に出場した後、同じような空虚感を「ニューヨーク・タイムズ」紙に語っている。「これ以上ないほど大きな夢を見て、それを叶えられた。じゃ、これから一体何をすればいいのだろう？」[12]

この無気力感は後に薬物乱用と抑うつの渦にフェルプスを引きずり込んでいる。

成功の外的な指標に依存し過ぎると、どの分野のプロも永遠に満たされない状態に陥ることになる。これは野心を持ったり成果を出したりすることが悪いという意味ではない。心の底から満足するには、自分の価値観とゲームの価値観が一致していなければならないのだ。成功の定義が本当に自分自身のものでなければならない。

グエンはこのプロセスを「価値基準の自己決定」と呼んでおり、これが「価値基準の上塗り」に対する処方箋だと考えている。「価値基準の自己決定」とはつまり、自分にとって何が重要かを明らかにすることだ。自分の価値観を理解することで、自分の個性と人生の状況に合わせて自分にとっての「成功」を定義できる。

ビデオゲームなら、ゲームが終わった時にプレイヤーは一歩引いて、それにやる価値があったか、充実した時間だったかを振り返ることができる。[13] しかし、キャリアにはそのように振り返れるタイミングはあまりない。これはケイの場合も同じだった。彼の生活の土台となっている価値観が、自分が本当に望んでいるものとは違うことに気づくには変化が必要だった。

子どもの誕生が人生を変えるきっかけに

ある日の午後、ブラックロックの部下のひとりが、ビジネススクールに行くべきかどうか悩んでいるとケイに相談してきた。金融界で昇進を目指すならMBAの資格は役に立つ。ビジネススクールに行くことで教養を広げられるし、ウォール街の多忙な仕事からの息抜きにもなる。「やってみるといいよ」と、ケイは部下の背中を押した。部下はアドバイスを聞き入れ、進学するために会社を去った。

しかし、ケイの上司はそれを知ると激怒した。「彼はトップパフォーマーのひとりだった」と声を荒らげた。「彼が去るのを許したなんてどうかしている」

ケイは自分が金融界を就職先に選んだ動機をよく知っている。金を稼ぐためだ。しかし、この会話で、自分の価値観と会社の価値観がかけ離れていることをケイは知る。会社は会社の利益になることに関してのみ、従業員の幸福に関心があるのだ。

2014年、ケイの妻が長女のソリヤを出産した。ケイが親しい友人たちに今の状況は幸せとは程遠く、ブラックロックを辞めることを考えていると話すと「辞めるなんてリスクが高くないか」「娘はどうするの?」などと言われた。しかし、生まれたばかりの娘は彼にとって辞職を躊躇《ためら》わせる存在ではなく、前向きに捉える勇気をくれる存在だった。そしてケイは心の底から嫌いになっていた仕事を辞めることをついに決断する。父親になったことが人生を見直すきっかけとなったのだ。「幸せでないのに金のためだけに働いている様子を子どもに見せる方がリスキーだと思った」とケイは話す。期末のボーナスは人生の道標ではなくなった。

2015年、ケイはブラックロックを辞める。またしても上司たちは驚いていた。ブラックロックにいれば億単位の収入と華々しい肩書きがある安定した仕事が保証される。上司たちは、ケイに金融業界のゲームを続行する意欲がもうないことを理解できなかった。ケイは35歳で、生まれたばかりの子どもがいる。パートナーは美術系の大学院を卒業したばかりで、彼は次の仕事もまだ決まっていない。これからどうするというのか？

金融界を後にした興奮が冷めると、友人やかつての同僚たちから「次はどうするの？」と質問されるようになった。ソリヤの保育園で顔を合わせる他の親からの「普段は何をしているのですか？」という何気ない質問は、ケイを不安の渦に突き落とすのに十分だった。

ゲームであれば何をすべきか、それをどの程度うまくやれているかがはっきりわかる。それはある意味、自分の存在を認めてくれるものだ。だから、ケイがブラックロックを辞めてから数カ月もすると、次にやるべきゲームを探し始めたのは無理もない。

テック企業に入社することを検討した。ライフコーチになろうかと試してみた。ベンチャーキャピタルを立ち上げることも考えた。しかし、どの道も少し異なる肩書きで前と同じことをしているだけのように思えてならなかった。その仕事が本当にやりたいのではなく、その仕事を通じて得られるステータスに関心があったのだ。とはいえ、しばらくすると、夢中になれる活動にケイは出合う。

心躍る活動との出合い

時間の余裕ができたケイはポッドキャストを聞いたり、雑誌の記事を読んだり、YouTubeの動画を見たりして過ごしていた。すると気持ちが昂ぶるコンテンツをいくつか見つけたので、36人の友人が入っているメーリングリストに送ることにした。

高校時代にお気に入り曲だけを集めたミックステープをつくったときのように、おすすめのコンテンツをまとめる作業は心が躍るものだった。件名は「休みの間に見つけためちゃくちゃ面白い読み物リスト」で、本文には記事のリンクが4つ、YouTubeのリンクが2つ、ポッドキャストの配信が2つ含まれていた。

メールの末尾には「次のリストはいつつくれるかわからない」と書いた。しかし、予想以上の反響があった。受信したほぼ全員が、すごくよかったと返信をくれたのだ。さらに何人かは別の人たちにも転送していた。

これはケイにとって続けられそうな活動が見つかったサインだった。彼はおすすめリストをつくってはメールを送り、次第に受信者は増えていった。そしてケイはこのニュースレターを「ラッドリーズ」と名付ける。これがケイの活動の基盤となった。今では4万人以上が「ラッドリーズ」を購読している。[14]

ケイはその後家族とともに、マンハッタンからカリフォルニア州のマンハッタンビーチに引っ越した。生計は「ラッドリーズ」と、新たに立ち上げた「Supercharge Your Productivity（生産性を爆上げ）」というオンラインコースで立てている。このコースは、長時間働いたり、便利ツールを組み合わせたりしなくとも、より多くの仕事をこなす方法を高度なスキルを持つ社会人に教えるものだ。

激務で有名なウォール街を去った彼が、生産性を上げる術を教えている。皮肉なことだとケイも認識している。とはいえ、提供しているコースは、トロイの木馬のように機能するものだとケイは話す。コースの真の目的は、受講生たちが自分たちの価値観に沿った人生の構築を助けることなのだ。生産性の研究やタスク管理の戦略以外にも、「仕事をしない時間の使い方」「重要だが緊急ではない人生の出来事を大事にするためにできること」「リラックスする方法」といったレッスンがコース全体にちりばめられている。

受講生たちが自分らしく生きる手助けをしたいとケイは考えている。彼が以前の生活から今の生活に変えられたように、だ。ケイは毎日サーフィンをし、夕食は必ず家族ととり、夜は娘たち（今では二人になった）を寝かしつけている。「たとえラッドリーズを数百万ドルで売却したとしても、僕の幸せには何の影響もない」とケイは話す。

自分にとっての「足る」をはじめて知る

先日、ケイの新しい生活について訊くために南カリフォルニアへと足を運んだ。金曜日の午後、気温23度の雲ひとつない空を背景に並ぶヤシの木はまるでポストカードのためにポーズをとっているかのようだった。玄関で出迎えてくれたケイは、彼にとって定番となった青い Air Max のスニーカー、細身のスウェットパンツ、グレーのVネックTシャツという姿だった。クールなお父さんである。

オフィスの棚には、彼の新しいライフスタイルを象徴する本が積まれている。ジュリア・キャメロンの『ずっとやりたかったことを、やりなさい。』（サンマーク出版）、ジェリー・ロペスの『SURF IS WHERE YOU FIND IT ジェリー・ロペス自伝』（美術出版社）、デイビッド・エプスタインの『RANGE（レンジ）知識の「幅」が最強の武器になる』（日経BP）などだ。壁にはサーフボードが2つ立てかけてある。机でズームを使った時に背景となるように配置されていた。その隣には「ダンボ・ニューヨーク」と書かれている黒とオレンジのペナントが掛かっている。以前の生活の忘れ形見である。

ケイは毎朝、瞑想をし、1ブロック歩いて娘たちを学校に送ってから海岸へと向かうという。ケイの妻は呆れていたが、彼は愛情をこめて海岸沿いを「会議室」と呼んでいるそうだ。

ケイの新しい生活もステータスゲームから逃れられてはいない。オフィスにあるサーフボードは今の生活を他人に認めてもらうための装飾品だ。日中にビーチに行ける生活について話すのもその気持ちの表れである。しかし、以前の生活との違いは、このゲームをケイは実際に楽しんでいることだ。

懐疑的な見方をすれば、ケイの今のライフスタイルはウォール街で過ごした期間がなければ実現できなかったものである。確かに、彼は将来得られるはずの収入を捨てたかもしれない。だが、彼はすでに「成功」を収めている。彼の履歴書は非の打ちどころがない。そして貯金があったからこそ、彼は自分の価値観に沿った今の生活を追求できたのだ。

とはいえ、ガレージでケイと並んで座っているときに気づいたことがある。壁にかかるウェットスーツとひと昔前のヒップホップのポスター、少し離れた場所で絵を描く妻、チョークで歩道に虹を描く娘たち。それを見て、ケイが平和を感じられるのは、周囲の価値基準を完全に無視しているからではない。周囲が価値を見出すものと、彼自身が価値を見出すもののバランスがよくなったからこそ、ケイは平穏な暮らしができているのである。

市場で評価されるものを考慮せずに、やりたいことだけに基づいてキャリアを選ぶのは、例えば、就職できる見通しがまるでない教育のために多額の借金を負うのと似ている。そのような選択は、アーティストが家賃分を稼げるのかと絶え間ない不安に押しつぶされ、創作活動に集中できないような状況を招くだろう。一方で、本当は何がしたいかを考慮せず、市場の評価だけに基づいてキャリアを選択した場合、一切興味がない分野の階段を一生上り続けなくてはならなくなるかもしれない。仕事を始めた当初のやりがいや情熱も、キャリアアップの絶え間ないプレッシャーの前では、徐々に影を潜めてしまう。

あなたが価値を置くものと市場が価値を置くものを考慮に入れた、あなただけの「成功」を定義することが重要だ。神学者フレデリック・ブフナーの言葉を借りれば、「個人の大きな喜びと、世界の大きなニーズが出合うところ」を見つけることである。

確かに、ケイの金銭的余裕は素晴らしい第二の人生をつくり上げる助けになった。しかし、彼の幸福に貢献している要素はもうひとつある。それはウォール街の一部の裕福な銀行家たちが幸せを感じられない原因となっていることだ。

ケイは、すでに持っているものに目を向けた。彼は自分にとっての「足る」を理解した。

ケイのカリフォルニアの家を訪れて最も印象的だったのは太陽や波、あるいは40代半ばの男性が自分にとっての幸せな生活を見つけたことを象徴する装飾品などではない。彼の穏やかな語り口だ。日曜日の朝、急がなければならない用事なんて何ひとつないかのような穏やかな声だった。勝たなければならないゲームはもうない。

第 9 章

ようこそ、あんまり働かない世界へ

ワークライフバランスが取れないのは自分のせい？

仕事やパートナー選びに失敗しただとか、
十分に貯金ができていないだとか、
社会の問題が個人の問題にすり替えられることがよくある。
そもそも身を置いているシステムの選択肢が制限されている
というのはよくある話だ[1]。

タラ・ジェファーソン（セルフケアコーチ）

感謝祭の翌日、僕はいつもと同じ状況に陥って、休日なのに仕事をしようとしていた。しかも僕の行動は矛盾している。有給休暇を使って、米国のオーバーワークの文化についての本を書き綴っていたのだ。昨晩飲んだワインとたらふく食べたご馳走のせいで、午前中はあまり仕事が進まなかった。これは事前に予想できたことだが、それでも思ったほど生産性が上がらない自分を責めたくなった。休日に働くことへの罪悪感もある。けれども、僕のねじれた論理はもっと働くべきだと僕自身を追い立てるのだ。

自己評価が自分の仕事の成果にしばられているこの状態は正直、恥ずかしい。日々の生活における仕事の割合の見直しを勧める本を書いているにもかかわらず、僕自身これがうまくできているかと言われたら、そうではないのだから。そもそもフルタイムの仕事をしながらこれを書いている。この数カ月間、本書を完成させるために週に50〜60時間を費やしてきた。執筆の目標を達成できた週は誇らしい気持ちになったが、そうでない週は自分にがっかりした。

いつのまにかこの本を書くことが僕のアイデンティティになっていた。まだ自分を作家と呼ぶのはむず痒い。けれど、誰かとの他愛のない会話では「実は今本を書いているんだ」と話すことが多くなった。

しかも、仕事がいつも充足感をもたらしてくれる存在であると期待することの危険性を本書では指摘しているが、僕は生計を立てるためにしている仕事が好きだということも事実である。デザインの仕事に就けてよかったと思っている。難しい課題に取り組み、創造力を発揮できる。終業後には調査と執筆というやりがいを感じる別の活動をする余裕もある。

この本を書き始めた時、次の2つの質問に納得のいく答えを出したいと思った。

- 仕事はいかに僕のアイデンティティの中心的な存在になったのか？
- 自己評価と仕事の成果を切り離すにはどうしたらいいのか？

それから2年経ったが、今なお明確な答えは出ていない。けれど、それは調査不足によるものではないと思う。むしろ、この状態こそが答えなのだ。

この本のために多くの人たちと話して、仕事とよい関係を築くのは簡単ではないことがわかった。彼らの話には共感するところばかりだった。大きな野心がディビヤを燃え尽き症候群に追い込んだこと、フォバジがやりたい仕事に夢を抱いて失望したこと、メーガンの感じている停滞感、ケイのすべてをやめてやり直したい願望はどれもよくわかる。

だからこそ、「この問題は、こう解決しよう」といったことを書くべき本書の終盤に来ても、仕事との一筋縄ではいかない関係をどうにかするための即効性のある解決策は提供できそうにない。読者は仕事と健全な関係を築くための方法を求めていることだろう。残念ながら、それを達成できる「簡単10ステップ」のようなものはない。なぜなら、人生で仕事が果たすべき役割について、誰にでもあてはまる画一的な答えは存在しないからだ。個人と仕事の関係は固定されているわけではないし、そうあるべきでもない。人生における仕事の役割を決めることは、人生で何を大事にしたいかを決めることと同義なのである。

オーバーワークを招く大きな原因は、多くの人が世間のがむしゃらに頑張る文化を当たり前のこととして受け取っているからだ。この本を書いている間、執筆をいつまでにどれくらい進めよと指示する上司がいたわけではない。自分でも執筆活動に生活を乗っ取られるのはダメだと思っていたし、1週間のうちに休む時間をしっかり取ろうとも思っていた。それにもかかわらず、あと少しで燃え尽きてしまうところだったのである。

自分で仕事の時間を管理することの問題は、決めたルールを破るのがあまりにも簡単なことだ。原稿を期限内に完成させられないかもしれないという不安や、休んでる余裕なんてないだろうという感覚が、僕に当初の計画を破棄させた。

作家のジェームズ・クリアーに言わせれば、「過去の行動の根本にある信念を変えない限り、習慣を変えることは難しい」。つまり、自己評価を仕事の成果と結び付けて考えている限り、もっと働いて成果を出そうという衝動は、働く時間を減らそうとする意思を必ず上回ってしまうのだ。[2]

さらに、働き過ぎは経済的、政治的、文化的な潮流の結果として生じる構造上の問題でもある。だから個人でどうにかするには限度があるのだ。仕事をしない時間を確保し、維持する責任は労働者にあると認識されていることが多い。けれど、「仕事とプライベートを線引きしよう」

「自分の時間を大切にしよう」といった一般的な燃え尽き症候群対策のアドバイスは、それができるように人々を支える制度がなければ効果は薄い。職場が人手不足であったり、期末で忙しかったり、労働時間と給料が連動したりしているなら、個人で仕事からプライベートの時間を守ろうとするのは、カクテルに添えられている小さな紙の傘で日差しを防ごうとするようなものだ。

端的に言うと、個人で仕事とプライベートの線引きをすることはほぼ不可能である。

「健全な労働文化を育む責任を個人が負うと必ず失敗する。これは確実だ」とアン・ヘレン・ピーターソンは書いている。「良好な文化をつくる責任は職場にある。特に仕事を始めたばかりで同僚より前に出たがる従業員を、長く続く大変な仕事から本当の意味で守れる安全対策を構築する力は職場にこそある[3]」

ただし、構造的な対策にも限度はある。充実した休暇や福利厚生を用意していても、経営陣が労働者に求める仕事量が減らない限り、社内の文化を変えるのは難しい。

政策についても、実質的な結果をもたらさないものでは意味がない。例えば、フランスは2017年に「つながらない権利」を制定し、賞賛されている。これは50人以上の従業員を持つ企業に対して、社員の勤務時間外の電話やメールを制限することを求める法律だ。

しかし、この法律は劇的な変化をもたらしたわけではない。アンケート調査によると、回答者の97％は法律が導入されても意味のある変化を感じられなかったと回答していた。「自分たちを欺かないでほしい」と、フランスで人事マネージャーをしている人物は話す[4]。「この会社では休暇中でもマネージャーはいつでも連絡が取れる状態です」

また、日本は世界でも有数の育児休暇制度を設けている。父親は最大1年間、給料の一部が支給される育児休暇を取得できる。しかし、政策と現実の間には大きな隔たりがある。２０１７年にこの制度を利用した父親は、対象者のわずか5％だったのだ。

こうした事例は、仕事との健全な関係を築く上での前提条件が2つあることを示している。ひとつは従業員の仕事以外の生活を守る構造的な仕組みがあることと、もうひとつはその仕組みを活用する文化があることだ。

職場の文化を変えるには、会社がメンタルヘルスのための休暇制度を用意したり、労働者が趣味を持ったりすること以上の対策が必要である。多くの人は、まず人生において仕事が果たす役割を根本的に見直す必要があるだろう。そして会社は社員の働き方を変え、労働者は自分の人間としての価値は仕事の成果に紐づくという考えを改めなければならない。

ハードルは高いが、希望もある。新型コロナウイルスが世界中を混乱に陥れた２０２０年3月から数カ月間の出来事は変化が可能であることを証明している。

かつては未来的な空想と考えられていた一定の収入保証や包括的な子育て支援などの政策は、一時的ながらも現実のものとなった。リモートワークは実現不可能と見ていた会社も柔軟な働き方を取り入れた。仕事中心の生活を送っていた人は、オフィスにいないときの自分は何者なのかを真剣に考えざるをえなくなった。

そして給料が低く、保障が不十分で、評価されてないと感じていた労働者たちは、これまでにない勢いで仕事を辞めていった。パンデミックは大量退職だけでなく、働き方の大いなる再考を促したのである。いままで当たり前だった働き方を変えられることが証明されたのだ。そしてこれは明るい未来を予感させる。

活動家《アクティビスト》のダナ・ホワイトは先日、ツイッター（現：X）にある質問を投稿した。[6]「資本主義社会を一旦脇に置いて、必要なものがすべて揃っている状態を想像してほしい。そのような世界であなたは何をしますか？」。これに1万人近くが返信している。集まった回答はどれも仕事が人生の中心にない生き方を表していた。

アマチュア天文学者、都市農家、歩道の詩人、社会福祉労働者になりたいと、人々は答えた。僕が気に入ったのはこれだ。「お金に関する心配や苛立ち、ストレスを手放した状態でいまの生活を続けたい」

回答を見ると、多くの人は仕事を完全に排除した未来を思い描いていたわけではなかった。とはいえ、仕事を生存の絶対条件から外して考えたことで、今とは違う生き方を想像できるようになったのである。

こうした生き方が可能であるという視点で、仕事を人生の中心から少し外に追いやる方法をいくつか提案したい。ひとつは政府向け、ひとつは企業向け、ひとつは読者のあなた向けだ。

提案1　政府へ――ベーシックインカムを検討せよ

先日、睡眠と夢について研究しているマサチューセッツ工科大学の研究者である、アダム・ハーア・ホロウィッツに話を聞いた。ちょっとした実験をしてみようと彼は言った。「ホテルの部屋で寝ようとしている自分を想像してみてください」と言う。

簡単だ。

「では、今度はドアが開けっぱなしのホテルの部屋で寝ようとしているところを想像してみてください」

途端に全身に緊張が走った。おかしな人物がいつドアから入ってきてもおかしくない状況で寝られるはずがない。

体を休めるには、人は安全を感じる必要がある。そうでなければ、人間は脅威に気を配るために、脳の一部を使って周囲を警戒し続けてしまうのだ。

過度に働いてしまうのは、同じような生物学的な感覚が働いているからかもしれない。非合理的な考えだとは思うが、条件のよい仕事に就き、支援の体制が十分にあるにもかかわらず、僕はいずれ生計を立てられなくなる、少なくともよいキャリアを築けなくなるのではないかといつも不安だった。求められている以上の成果を出さなければ、あるいは自分の価値を証明し続けなければ、見放されてしまうと心のどこかで思っていたのだ。「成長なくして死あるのみ」という資本主義の考えが身に染み付いていたのである。

全米の研究者たちは、多くの米国人が安心して休めない経済的な事情と、人々の基本的なニーズに対処する最善の方法を調査している。ここから労働に関連した本ではあまりに陳腐な話題になっている「ベーシックインカム」について話すつもりだが、どうか了承してほしい。個人的にベーシックインカムは福利厚生というよりも、人道的な制度として捉えることに関心がある。つまり、雇用により得られる保障ではなく、人の基本的なニーズを満たす権利として捉えるということだ。

もちろん社会のセーフティーネットを直す方法は他にもある。米連邦政府は、企業に有給休暇制度の導入を義務付けることができる。学生ローンという数千万人の米国人の肩に重くのしかかっている負担を軽くすることができる。[7] 貧困を減らすのに効果的とわかっている児童税額控除を拡大できる。[8] 世界の他のどの国よりも1人当たり42%も多い医療費の原因となっている壊れた医療制度を直すことができる。[9]

けれど、ここでベーシックインカムを取り上げるのは、人々の経済的な安定性を補助することは、労働者と経済の双方によい影響があることが示されているからだ。医療費、教育費、保育費が非常に高いこの国では、大学教育を受けた人でさえも経済的な不確実性の煽りを受けることがある。

カリフォルニア州ストックトン市は2年間にわたり、125人の住民に対して無条件で毎月500ドルを手当として支給する実験を行った。[10] お金の使い方に制限はなく、仕事に関する条件もなかった。参加者の約40%は手当を食料品の購入に使った。他の参加者は子どもをサッカーの合宿に参加させたり、クルマのパーツを交換したりするのに使った。

48歳のゾーナ・エベレットは教会に50ドルを毎月寄付し、残りのお金は公共料金や動画配信サービス、自動車保険、家賃などの支払いと夫とのデート代に使った。この手当はフルタイムの仕事を見つけるのにも役立った。ゾーナは2018年に米国防総省の物流の専門家としての職を失ってからは、オンラインの大学に通いながら食材宅配のドアダッシュやウーバーで配達のアルバイトをしていた。ところが、この実験が始まってから、近くのテスラの工場に就職できたという。「息をする余裕ができたの」と、手当がある生活についてゾーナは話す。

ベーシックインカムや社会保障の拡大に対してよくある批判に反して、ゾーナはフルタイムの仕事に就いた。[11] 経済的な安定性はフルタイムで働く意欲を抑制するどころか、むしろ促進したのだ。実際、補助金を得たストックトンの住民は、実験後にフルタイムの仕事をしている確率が12%も上昇していた。また、手当をもらった参加者は、統制群の参加者よりも不安やうつ病のレベルが低くなったことも報告されている。

ストックトンでのベーシックインカムの実験結果の最も励みになる部分は、お金に余裕ができたことで「自己決定、選択、目標設定、リスクを取る余裕」が生まれたことだ。[12] 端的に言えば、個人の自律性が増したのである。

もちろん、ゾーナのようにより安定した仕事を探すことを選んだ人もいれば、家族やコミュニティにもっと関わることを選んだ人もいる。「ストックトンの実験は、働くことが人間の本質的なニーズであることを示すものではなかった」と、この実験を主導した経済安全保障プロジェクト（Economic Security Project）の会長であるナタリー・フォスターは話す。むしろ、労働者の仕事の選択肢が増えると何が起きるかを示すものだったという。

僕にとってストックトンの実験で最も印象深かったのは、大退職時代（great resignaiton）のデータで最も印象深かった点と同じである。つまり、ほんの少しでもセーフティーネットがあれば、労働者は一定の水準に満たない仕事を辞めるということだ。ピュー・リサーチ・センターの調査によれば、２０２１年に労働者が辞めた主な理由は低賃金（63％）、昇進の機会がない（63％）、職場で評価されていないように感じている（57％）だった。[13] とはいえ、２０２１年に仕事を辞めた約５０００万人の大部分は労働市場から離れたわけではない。[14] もっとよい仕事に転職したのだ。よりよい給料やより柔軟な勤務時間、よりよい福利厚生のある仕事を求めたのである。もちろん完全に労働から離れた人、つまり引退した、あるいは家族の世話をしたり、休んだりするために仕事を辞めた人の価値は退職したことで変わるわけではない。

米国の政治家たちは、フルタイムで働いていることが一人前の社会人として認められる前提条件かのように話すことがある。雇用されていなければ社会保障を受けられない政策の根幹にあるのもこれと同じ考えだ。確かに、仕事は人に自律性と目的意識を与えてくれる。けれど、それを得る手段は収入のある仕事以外にもある。

収入の有無で人の価値が決まるわけではない。子どもの世話をしたり介護をしたりしている人は何百万人といる。パンデミック中に仕事を失った米国人は何百万人もいるが（その多くは本人の責任によるものではないだろう）、解雇されたからといってその人たちの価値が低いというわけではないのだ。

人間の基本的なニーズと雇用を分けて考えることは、フルタイムで働いているかどうかにかかわらず、1人ひとりの価値を認めることである。そしてそれはより広い視点から、よい働き方は何かだけではなく、よい人生とは何かについて考える基盤となる。これができてようやく、ドアが閉まった部屋でゆっくり休める環境を整えられるのだ。

提案2　企業へ——言葉よりも行動で示そう

1996年、世界有数の家具メーカーであるスチールケースは、ニューヨークのオフィスに奇妙なアート作品を設置した。それは1500匹のアリが入れられた約1・8メートル×1・2メートルのガラスケースだった。仕事と生活の境界が曖昧な新時代を象徴しているという。

「仕事は以前とは劇的に変わってきています」と、スチールケースのマネージャーのデイブ・

ラスロップは言った。「ますます仕事とプライベートが融合する時代です。生きるために働き、働くために生きるアリがこれを象徴しています」

とはいえ、「ウォール・ストリート・ジャーナル」紙が当時指摘していたように、[15]アリの寿命は通常3～4カ月であり、より適切な作品名は「働いて、働いて、やがて死ぬ」かもしれない。

ガラスケースの中を歩き回るアリは、現在の米国の労働状況を的確に表している。米人材マネジメント協会の2021年のアンケート調査では、米国人の41％が燃え尽きていると回答した。[16]仕事に専念できていると回答した人は36％だった。[17]

マッキンゼーの別の調査では、5人に2人の労働者が3～6カ月以内に退職を考えていると回答した。[18]実際、2021年には史上最高となる4780万人もの米国人が仕事を辞めている。このトレンドは他の国でも見られた。[19]

燃え尽き症候群の蔓延とエンゲージメントの低さは、瞑想アプリやズーム越しのハッピーアワーでは直せない体系的な問題の存在を示している。これは非常にコストのかかる問題であることから企業側も対策を始めている。研究者の推計によると従業員の燃え尽きによる生産性やエンゲージメントの低下、離職、欠勤は、雇用主にとって年間最大1900億ドルもの負担になっているのだ。[20]

毎年、雇用主の健全な職場文化をつくりたいというニーズに焦点を当てた本が出版され、カンファレンスが行われている。オフィスに昼寝ポッドや落ち着く照明を設置することから仕事後のヨガレッスンや有給のボランティア日を設定することまで、解決策としてさまざまなことが提案されている。

これまで雇用主は求職者に対して「ミッションドリブン」であることをアピールしてきたが、これからは「ワークライフバランス」に取り組んでいることをアピールするようになるだろう。しかし、どの組織も、健全な職場環境をつくりたいなら2つの条件をクリアしなければならない。ひとつは、経営陣がつくり出したい文化の模範的な存在になること、もうひとつは企業が従業員の休暇を守る制度を導入することだ。

職場向けコミュニケーションプラットフォームを提供するフロントのCEOであるマチルダ・コリンの話は印象的だ。彼女はシリコンバレーの経営陣の燃え尽きやメンタルヘルスについてオープンに話す運動を主導している。

起業支援団体であるYコンビネータの集中的なスタートアップアクセラレータプログラムに参加した後、コリンは会社を数百万ドル規模にまで成長させる。けれど、自身の働き過ぎてしまう傾向は自分にとっても職場にとってもよくない影響を与えていた。

限界を迎えたのは2017年5月のことだ。コリンはメンタル不調から回復するために会社から一時離れることを余儀なくされる。フロントの収益と顧客基盤は成長しており、直近では1000万ドルの資金を調達したばかりだった。事業は順風満帆だったが、コリン自身は違った。ある朝、パソコンを見るだけで激しい頭痛が襲い、家を出ようにも足がまったく動かなくなったのだ。医師には「人生のすべてが嫌になるような大きな不安がある」と話したという。[21]

フロントを立ち上げてからのおよそ4年間で初めて数週間の休みを取ったあと、コリンは働き方を変えることにした。まず、スマホから仕事関連のアプリをすべて削除した。休暇を取る時にはノートパソコンは家に置いたままにする。木曜日の午後はノートとペンだけを使い、自宅で働くようにした。

「社員は経営陣である私の行動を見て、同じようにするだろうと思っていました」とコリンは最近のブログ投稿に書いている。「考えてもみれば、もし新婚旅行でサハラ砂漠に行っている『上司』がメールに返信できるのなら、部下は自分にはそんなことはできないなんて言えませんよね？[22]」

コリンの習慣は、同社の進歩的な制度づくりを触発した。例えば、頻繁に会社全体で週末を含む3連休を設けたり、スマホを1日2時間未満しか使わなかった従業員に月間ボーナスを提供したりする制度などだ。

フロントから得られる学びは明らかである。会社の経営陣が社内に浸透させたい文化の模範とならない限り、その文化を社内全体に浸透させることはできない。

100人以上の社員が39カ国からリモートで働いているソフトウエアスタートアップのドイスト（Doist）の施策も印象的である。同社は社員がカレンダー通りの休みを取るのではなく、休暇をすべてなくした。代わりに、社員には自由に使える年間40日間の有給休暇を提供している。[23]米国の平均的な有給休暇の日数はその4分の1であることからこれは充実した内容である。

だが、日数の多さよりも休みの取りかたの方が印象的である。社員が自分で休暇を管理するのではなく、社員が休暇を取る責任を会社側が負っている。社員は必ず休暇を取らなければならないのだ。この強制力のおかげで、同社の文化に本質的な変化をもたらすことができたという。「生産性と休暇は陰と陽です」と、ドイストの創設者兼CEOのアミール・サリヘフェンディックは語る。「仕事から離れてリラックスし充電することは、野心をもって仕事に取り組み、計画的に成果を出すことと同じくらい重要です」

提案3　あなたに――自分なりの「ほどよい」仕事を定義しよう

トニ・モリスンにはたくさんの肩書きがある。作家、ノーベル賞受賞者、教授、ジャズ愛好者などだ。教科書をつくったり、英語を教えたり、小説を編集したりもしていた。モリスンの初めての仕事は、故郷オハイオ州ロレインでの清掃の仕事だった。モリスンは金持ちの家を掃除することに対する不満を父にこぼしたことがある。しかし、父はコーヒーを置いてこう言った。「よく聞きなさい。君はそこに住んでいるわけじゃない。ここでわたしたちと暮らしているんだ。仕事を済ませて、家に帰ってきなさい」

モリスンは後に、父のこの言葉について「ザ・ニューヨーカー」誌に記事を書いている。「父とその話をして以来、自分自身を仕事で測ることはなくなりました」と振り返る。「家族との時間より仕事の安定性が大事だと思ったことはありません」[24]

モリスンにとって仕事は重要だったが、それはあくまで生計を立てる手段であり、人生そのものではなかった。「ほどよい仕事」とは何かについて考えるとき、僕はモリスンの父の言葉を思い出す。「仕事を済ませて、家に帰ってきなさい」

高校時代の夏休み、僕は他人の家のデッキを高圧洗浄するアルバイトをしていた。それには学校のどの授業よりも学びがあった。最初に勤めた広告会社では、いつ自分の意見を言い、いつ黙るべきかを学んだ。テック企業では実用主義を、デザイン会社では楽観主義を学んだ。ジャーナリズムでは物事に真剣に向き合う重要性を学んだ。

仕事を通じて人生の目的ややりがい、一生の友人を得た。とはいえ、仕事が僕に与えてくれた最も重要なもの、そして僕が仕事に求めていた最も重要なものは、生活するためのお金である。結局のところ、仕事は経済的な契約なのだ。仕事は労働とお金の交換である。そのことをしっかり認識すればするほど、冷静に自分の仕事との関係性を見極められる。

仕事を取引として考えるのは夢がないと思うかもしれない。仕事は金のためにするものではなく、天職や使命、やりがいのためにするものだと多くの人は教えられてきた。しかし、企業は雇用を契約としか見ていない。企業は会社に価値をもたらす従業員を雇い、価値のない従業員を解雇する。これを見誤ると足元を見られてしまう。

斜に構えて言っているわけではない。むしろ、仕事を取引として考えることは、雇用主と従業員のどちらも楽にする考えだと僕は思う。雇用主にとっては、従業員に求める仕事の水準を明確にすることに集中しやすくなる。従業員にとっては、お金について話すことへの抵抗が減り、公正な報酬を求めやすくなる。最も重要なのは、労働者が仕事を人生のすべてではなく、生計を立てる手段として捉えやすくなることだ。

もちろん、仕事を取引と考えたからといって、仕事に真剣に取り組みたいという気持ちに蓋をする必要はない。自分の興味や専門性に合う仕事をしたり、自分の技術を高めたりするために頑張ることは何も間違っていない。

僕の目的は、人々に仕事への期待値を見直すきっかけを提供することだ。例えば、配偶者に社会的、感情的、知的なニーズのすべてを満たしてもらおうとするのは無理がある。同じように、仕事を自己実現の唯一の手段と考えるのも非現実的だ。仕事はそのためにあるものではないのである。

かつて作家のカート・ヴォネガットとジョセフ・ヘラーが、億万長者のヘッジファンドマネージャーの開いた休日のパーティーに招待されたとき、ヴォネガットはヘラーにこんなことを聞いた[25]。

「ジョー、このパーティーのホストは昨日だけで、君が書いた『キャッチ＝22』のこれまでの売上よりも多く稼いでいるらしい。どう思う？」

するとヘラーはこう答えた。「そうだね。でも、彼が決して手に入れられないものを私は持ってるよ」

「それは何だい？」

「今あるもので十分という認識さ」

僕はこの話がとても気に入っている。「十分」、あるいはこの本で何度も使った「ほどよい」は主観的な基準である。あなたにとっての「ほどよい」はあなた自身が決めるべきものだ。

それは特定の会社で働くことかもしれない。ある程度の給料がもらえる仕事かもしれない。素敵な肩書きを名乗れる仕事かもしれない。いつも決まった時間に帰れる仕事かもしれない。あなたにとって「ほどよい」仕事が何であれ、それを手にしたのならそうと認識してほしい。そうすればモリスンの父のアドバイス通り「仕事を済ませて、家に帰れる」はずだ。

この本のために何百人にインタビューをし、本書で中心的に取り上げた人たちと多くの時間を過ごす中で、仕事と健全な関係を築けている人には共通点があることに気づいた。彼らは仕事をしていない自分が何者であるかを、しっかり認識していたのである。ディビヤはプラミールから一歩引いた休暇中に、ジョシュは会社から離れてから、ケイはカリフォルニアでの新しい生活でそれを見つけた。

とはいえ、仕事の成果から自己評価を切り離すには、まず、上司や肩書きや市場の影響を受けない自分をつくらなければならない。モリスンの言葉を借りれば、「あなたはあなたの職業ではなく、あるがままのあなた」だ。[26]そしてほどよい仕事は、あなたがあなたらしくあることを可能にしてくれる静かな働き方なのである。

本書の旅は「普段は何をしていますか？」という問いから始まった。だから、日常会話でよく使われているフレーズを少し修正した次の質問で本書を締めくくりたいと思う。

「あなたは何をするのが好きですか？」

これは、あなたの言葉で、あなた自身を定義することを可能にする質問だ。

小説を読むのが好きかもしれない。地中海料理をつくるのが好きかもしれない。水彩画を描いたり、物語を書いたりするのが好きかもしれない。そうした活動を仕事にしているかもしれないし、していないかもしれない。

それはそれでいい感じに満ち足りた人生だろう。

エピローグ

その日、親友から電話がかかってきたのは午前3時のことだった。当時24歳の僕はサンフランシスコの広告代理店で働いていた。友人のトラビスは9時間先に進んでいるフィンランドにいる。

「起こして悪いね」と彼は言った。

「何かあった？」電気のスイッチを探しながら、ぼんやりした頭で答えた。

「どうやって見つけたかは覚えていないんだけど、ある旅ブログを見つけたんだ。それによるとサンフランシスコからの格安フライトが手に入れられるんだって。いつまで続くかはわからないけどさ」

「どういうこと？」

「プライスラインのサイトに技術的な不具合があるんだ」とトラビスは言う。「サンフランシスコからニューヨーク、ニューヨークからミラノ、その8日後にプラハからホーチミン。この行程通りに入力すると、フライト代が229ドルになるそうだ。リンクを送るよ」

そんなうまい話があるだろうか。リンクをクリックしてみると、確かに格安フライトの買い方を詳しく説明するブログ記事が表示された。「チケットが買えた！」とコメント欄に書かれている。「フライトは米国発だから、購入を取り消される可能性は低いはず」というコメントもある。そこに並んでバグで安くなったチケットを買えた人は最初のフライトに赤い帽子を被って行こうと、どこかの天才が提案していた。

絶対に買いだ。僕はさっそくチケットを購入して、会社に退職届を提出した。

数週間後、僕は45リットルのバックパックを背負ってサンフランシスコ国際空港にいた。ターミナルを歩きながら、すれ違う赤い帽子を被った旅行者に笑顔を向けた。

それからの1年間で21カ国を旅して回った。バックパックでアジアからアフリカへと渡り、ナイロビからケープタウンまで陸路で移動する。旅をしながら、雑誌や新聞社に記事を提案した。2015年に起きたネパールでの大地震やミャンマーの観光業の変化、タイ北部でのアヘンの取引について書いた。それまで広告やマーケティング用の文章は書いていたものの、旅に出て初めて、ジャーナリストとして仕事を追求する勇気が湧いた。

この旅は僕にとってキャリアの変化以上のものをもたらした。旅の間、僕は社会人になってから初めて、仕事が中心にない生活を送れた。日が暮れるまで異国の街をぶらぶらと歩くだけの日もあった。道中で人生初のことをたくさん経験した。瞑想をし、オートバイに乗り、誰にも見せる予定のない文章を書いた。僕は生産的でない自分と出合うことができたのだ。

あのフライトチケットを買うまで、僕はイェール大学の英語の元教授であるウィリアム・デレシェヴィッチが言うところの「世界有数のハードル選手」だった。卒業式での有名なスピーチで、彼が受け持つ学生の多くは、いかに目の前に設定された目標を達成するためだけに訓練されているかをデレシェヴィッチは指摘している。[1]

どんな公式も暗記し、どんなテストでも優れた成績を収めることができる。どの会社でも上に行くと決めたのならそれがどれだけ困難だろうと達成する力がある。意欲的で優秀だ。しかし、彼らは「生まれ持った特権の泡に閉じ込められ、全員がただ同じ方向に進んでいる」という。[2]

デレシェヴィッチの教え子が言ったように、イェールの学生は「優秀な羊」なのだ。

僕もそんな「優秀な羊」のひとりだった。生まれて24年間、目の前の目標を達成することばかり考えていた。中学校ではよい高校に入るために猛勉強した。高校では名門大学への入学が有利になる課外活動に勤しんだ。大学では就職に役立つ専攻を選び、親や同級生が感心するだろうと思って、広告代理店のインターンシップに応募した。

サンフランシスコの私立学校からアイビーリーグの大学、それからホワイトカラーの業界へと続く恵まれた道は完全に舗装され、事前に筋書きされているかのようだった。

しかし、親友からの午前3時の電話と旅行サイトのシステムの不具合が、それとは違う道もあることを教えてくれた。自分の生活における仕事の役割は、自分が思っている以上に自分で決められることを気づかせてくれたのである。

この本の原稿を提出してから3週間後、僕はキャリアの筋書きを変えることにした。4年間働いていたデザイン会社を辞めることにしたのだ。本を完成させるために働き詰めだったので休みが必要だった。しかし、辞職を伝えるメールを送信した瞬間、本当にこれでよかったのかと不安に襲われた。

次の昇進を目指して、もう6カ月働くべきだっただろうか？　両親はどう思うだろう？　次の仕事が決まっていないのに安定した仕事を辞めるのは無責任だろうか？

こうした不安は、仕事を中心に置かない生活を始めた人たちも感じていたことだ。人は人事評価や四半期ごとの売上目標、リンクトインに表示される職務経歴書の達成項目に執着してしまいやすい。

取材で話を聞いた、人間中心の働き方について研究している学者ですら、研究から長い期間離れることを想像できず、たった2週間しか育児休暇を取らなかったという。「働かなきゃ」というプレッシャーは根深い。政府や会社からの圧力だけでなく、僕たち自身の思い込みによって強化されているからだ。

グーグルのソフトウエアエンジニアやミシュランの星付きレストランのシェフ、ウォール街の幹部は素晴らしい人生を送っているに違いないと思うかもしれない。しかし、人は他人の外側から見える部分と、自分の内面を比べてしまいがちだ。

この数年間にさまざまな人と話して学んだことがあるとすれば、完璧な経歴を持っている人でさえ、仕事と人生のバランスについて思い悩んでいるということである。

これまで言われてきた働き方の常識を疑うには勇気がいる。米国の医療制度から、職歴の空白期間に対する偏見まで、仕事を中心にしない生活の実現を阻むものは多い。

もちろん、誰もが労働時間を少なくしたり、サバティカルを取って世界を見て回ったりする余裕があるわけではない。しかし、この本から何かひとつでも得るものがあるとしたら、それは「仕事を主役にしない生き方の対極にあるのは、人生を主役とする生き方である」という認識であってほしい。

個人としても社会としても足りないのは、仕事を人生の主役にしない生き方がどのようなものかを想像する力だ。

だから、僕からは親愛なる読者にこう問いたい。

仕事をしていない自分を愛するためにできることは何だろう？

どんなに小さなことでも構わない。例えば、親友と毎週散歩する時間をつくるのでもいい。あなたの職業を誰も知らない地元の集まりに参加するのでもいい。上達することは考えずに新しい趣味を始めるのでもいい。

人は経済的価値を生み出すためだけに存在しているわけではないことを思い出すために何ができるだろうか。

この本の初稿を提出して仕事を辞めた後、僕は婚約者と南イタリアの親戚のところで1カ月過ごすためにフライトを予約した。残念ながら今回は正規料金だった。激務が続いたのでしばらく羽を休め、気分転換するのが目的である。フルタイムの仕事をしながら本を書いていたのだから。僕の婚約者も新型コロナウイルスのパンデミックの間、小学4年生を教える多忙な生活を送っていた。

イタリアに着いても最初はゆっくり休めなかった。いつもの習慣から抜け出せなかったのだ。朝目が覚めたらまずメールをチェックしてしまう。夏休みが終わったらどうやって生計を立てようかと不安な気持ちになった。何もしていない午後があると、何かしなくてはという焦りに駆られた。

とはいえ、数週間も経つと、身体が新しいリズムに順応した。南イタリアの太陽のおかげだ。日差しを浴びると肩の力が抜ける。そして昼食時に従兄弟や叔母と一緒にテーブルを囲み、食後のメロンがなくなってもゆっくりすることに慣れ始めた。何もしていない自分を再発見した。生活から仕事が完全になくなったわけではない。記事の執筆や編集はほぼ毎日している。けれど、こうした作業は落ち着かない気持ちをなだめるための手段ではなくなった。仕事は僕の人生に意味を与えるものだが、今の僕には仕事以外にも人生に意味を与えてくれるものがある。

今朝は遅く起きて、このエピローグを書いた。家族と昼食を食べ、パートナーと昼寝をした。夜は町へ飲みに行く。あの漁師がいないか、探してみることにしよう。

謝辞

まずは本書に登場する9名の方々、ディビヤ・シン、ライアン・バージ、フォバジ・エターー、メーガン・グリーンウェル、テイラー・ムーア、クラリッサ・レッドワイン、ジョシュ・エパーソン、ブランドン・スプレイグ、ケイ・ハイに、心からの感謝を表したい。僕のインタビューに答えてくれた多くの方々にも。あなた方がいなければ、この本は生まれなかった。

著者は執筆活動を「プロジェクト」と呼ぶ。今までなぜそうなのかがわからなかったのだが、自分でやってみて腑に落ちた。著者はひとりだけれど、1冊の本を作り上げるにはチームがいる。今回、素晴らしいチームメンバーとともに活動する機会に恵まれた。

この本を執筆するべきだと最初に励ましてくれたボヒニ・バラには特別な感謝を。僕の視野を広げてくれた。文章の世界において、バラ以上に尊敬している人はいない。

そして鋭い感性と知識を持つ編集者であり、導き手であり、信頼する友人であるメリー・サン。あなたと共にこの本を完成させることができてとても誇らしい。

突然のメールにも親切に返答し、出版業界に関する初歩的な質問にも丁寧に答えてくれたエージェント、ダニエル・グリーンバーグにも感謝を。

これまで僕は作家になれない言い訳を探すばかりだった。しかし、そんなことはないと信じさせてくれた皆さんに心から感謝している。「ユース・スピークス」と「エクセラーノ・プロジェクト」は僕に書きたいテーマを見つける道を示してくれた。初めて書いたエッセイの最初の3ページは未熟だと指摘し、「余計な前置きは省くべきだ」と教えてくれたロレーヌ・キャリーに感謝している。

「もっとよい文章が書ける」と言い、そのためのサポートをしてくれたジャニーン・ザカリア、そして初めてのジャーナリストとしての課題を出してくれたジェニファー・マーズ、僕に初めての報道の仕事の機会を与えてくれたヘザー・ランディ、マット・クイン、ケビン・デラニーには、1人ひとりに感謝を伝えたい。書籍執筆の現場を見せてくれたマイク・アイザック、そして僕にも本を書く能力があることを実感させてくれたビル、アンドレア、シャナをはじめとするライトハウス・ライターズ・ワークショップのメンバー全員に深く感謝している。

本書に登場する多くの思考家、作家、学者たちへの感謝の気持ちを述べたい。デレク・トンプソン、サラ・ジャフェ、アラン・ド・ボトン、エリン・セック、イフェオマ・オゾマ、ジェイミー・マッカラム、ニキル・サバル、C・ティ・グエン、そしてアグネス・カラードには特に感謝している。彼らの思想は、仕事に対する考えを形成する上で大きな支えとなった。アン・ヘレン・ピーターセンには特別な感謝の意を表したい。彼女の鋭い見識と専門的なアドバイスには感謝の言葉しかない。彼女の研究は、この本、ひいてはより公正な世界についての僕の考え方の土台となっている。

　この本の完成まで支えてくれたすべての方々に感謝する。まずはＩＤＥＯの同僚たち。僕がフルタイムの仕事と並行して本の執筆に取り組む余裕を与えてくれたディアドラ・チャーミナロ。素晴らしいファクトチェッカーであるエミリー・クリーガーのサポート、そしてエンドノートエディターのマイケル・バークの仕事の丁寧さに感謝する。ポートフォリオのチームのベロニカ・ベラスコ、ジェン・ヒューア、エイドリアン・ザックハイム、キルスティン・バーントもありがとう。

　パンデミックが始まった頃、友人のスマイリー・ポスウォルスキーが僕と作家志望のライナ・コーエンを引き合わせてくれた。その後、ライナと僕は２０２０年４月から最終稿提出まで、毎週水曜日にお互いの進捗状況を確認するために連絡を取り合った。あなたの友情にどれほど支えられたかは言い表せない。

　拙い草稿を丁寧に読み返してくれたマーティ、アリエル、ポール、ケンドール、ショーシャナ、ベッカ、メリッサ、ジェフ、ジョン、サブリナ、ローレンに心から感謝している。執筆中の滞在先を提供してくれたアーメド、レイチェル、イアン、ジーン、エドガー、レクシ、ジョナ、ローズにも感謝を。カバーデザインを一緒に考えてくれたジョージ、ファビアン、レイチェル、ベッキー、そして最終的なデザインや章のイラストを手伝ってくれたＡ・Ｊ・メイプス、本当にありがとう。

親友であるジョー、トラビス、サム、アンナ、ジョン、ピーター、ピート、レル、ケイティ、ロス、イザベル、たくさんの思い出をありがとう。一緒にブリトスを食べたことをはじめ君たちと共有したすべての時間は僕の宝物だ。あなたたちと友達になれて幸せである。

僕の兄弟姉妹、サム、メアリー、ケイティ、ニナ、アンナには、この世界を共に歩み、気分が落ち込みやすい僕を支えてくれたことに感謝している。いつも愛してくれる祖母のミミ・フェルドマンとマリア・コンテにも感謝を。

僕には４人の親がいることを誇りに思う。それぞれが僕に重要な視点を与えてくれた。テレサ・パンターレからは読書の楽しさを、ゲーリー・ストルゾフからは傾聴の重要性を、スージー・アレキサンダーからは言葉の美しさを、ランダル・クラインからは芸術を愛することを学んだ。生きる意味を知った。いつも心強い応援団でいてくれてありがとう。

最後に、最愛のケイティへ。僕が執筆する余裕をつくってくれて、すべての草稿を読んでくれて、途中のアップダウンを共に乗り越えてくれてありがとう。僕のエグゼクティブエディター、ミューズ、そしてパートナーでいてくれてありがとう。君と人生を共に歩める幸運に感謝している。Te quiero mucho.

訳者あとがき

仕事は楽しいし、やりがいも感じている。それでも深夜の帰宅途中や、休日なのに仕事に手を付けてしまっている時に、「なんで私こんなに頑張っているんだっけ?」、あるいは「私から仕事を取ったら何が残るんだろう」とふと虚しくなったりすることはないだろうか。

私は正直、何度もある。

これは行き過ぎた仕事主義に伴う症状のようだ。本書では仕事を崇拝している人のことを「仕事主義者」と呼んでいる。日本でこれに近い概念は「社畜」かもしれない。そして本書は、そんな元仕事主義者たちのストーリーを軸に、仕事主義が世間で広まった背景と、それを加速させている人々の思い込みを指摘している。

著者のシモーヌ・ストルゾフも自分のことを仕事主義者だという。理想の仕事を求めて広告会社やスタートアップで働き、デザインコンサルタント会社ＩＤＥＯのデザインリードとなった。そしてそこでフルタイムで働きながら、この本を執筆した。自分だけでなく、他の多くの人たちにとって仕事がアイデンティティになった理由を知るためだったという。

現代人が働きすぎているのは人々の価値観や宗教観、社会の風潮、企業の慣習の変化によるものだと、シモーヌは指摘する。もちろん、本書は米国の話なので日本と共通する部分も異なる部分もある。

プロテスタントに根ざした宗教観は異なるかもしれない。とりわけ大きな差異を感じたのは「愛社精神」や「会社は家族」という言葉の意味合いだ。本書では米国におけるそれらは主にスタートアップの特徴のように書かれているが、これらは、かつて終身雇用を前提としていた日本企業ではもっと根深いものであったはずだ。

このように本書の各章で取り上げられている要素は、日米で多少の違いはある。とはいえ、人々の仕事観に仕事主義の加速が大きな影響を与えている点は共通するだろう。もうひとつ、仕事主義を加速させている大きな要素をシモーヌは指摘している。それは「仕事で成功することこそ人生での成功」「肩書きは社会的ステータス」「長く働くほど多くを達成できる」「やりたいことを仕事にすべき」といった個人の思い込みや信念だ。がむしゃらに頑張って働けば、お金も肩書きも手に入り、自己実現ができて幸せになれる。意識的だろうと無意識だろうと、いつの間にか刷り込まれたそのような考えが人を仕事主義に駆り立てているのだと。

私自身、「仕事第一」の仕事主義者だった。スタートアップでは自社のウェブサービスを多くの人に使ってもらうことに、ウェブメディアでは書いた記事をたくさんの人に読んでもらうことにやりがいを感じていた。成果や収入が上がれば上がるほど、自分の書いた記事が読まれれば読まれるほど、自信が増し、自分の価値が上がるような気がしていた。そしてこの先も仕事を辞めるなんてありえないと思っていた。

実は、新卒で入った会社はメンタルを病んで2年経たずに辞めている。その時は、足元の世界ががらがらと音を立てて崩れるような感じがした。今思えば、そう感じたのは、体が動かないとはいえ、無職で何もできない自分に何の価値も感じられなかったからだろう。

だからこそ、再び働き出してからは、意味ある仕事をすることこそ重要だと思っていたし、仕事で価値を発揮しなければと本気で思っていた。身の回りにも同じように仕事第一に働いている人は多かったので、その考え方が間違っているとも思わなかった。

しかし、それも永遠には続かず、疲れと燃え尽きを感じて仕事のペースを落とそうとフリーのライター・翻訳家になったのは5年前のことである。さらに近年はコロナ禍もあり、働き方を見直す時間を取ることができた。

2023年6月、発売間もない本書の原著に出会ったのはそんな時だった。これまで自分がなぜ長時間、働こうとしていたのか、休みでもついつい仕事のことを考えて十分に休めなかった理由はこれだったのか、と自覚できてスッキリした気分になった。これ以上ないほど自分の人生においてぴったりのタイミングだった。

もちろん、自分の思い込みを自覚したからといって、その日から劇的にワークライフバランスが整って楽になれるわけではない。でも、本書で引用されている「考えるだけでは習慣は変えられない。考え方の習慣を変えなければならない」という言葉の通り、働き方についての「考え方の習慣」、すなわち思い込みや信念を変えることこそ、より自分の生活に合った働き方を考え、実現していく第一歩なのではないかと思う。

新卒入社した職場を辞めた時と、5年前にフルタイムの仕事を辞めた時とでは違ったことがある。足元の世界が崩れる感覚はなかったのだ。仕事を辞めてもすぐに死んだりしないとわかっていたし、仕事以外のことをする余裕ができて自分という存在に少しばかり自信を持てるようになっていた。おかげで視野を狭くしていた「仕事こそすべて」という思い込みが晴れ、目の前の景色がちゃんと見えるようになったのである。

足元の地面は、そこにある。地面があるなら、これからどの道をいくかは自分で選べるはずだ。元仕事主義者の私にとって、このことを再認識できたことは大きい。そして仕事主義を続けるべきかどうか、迷ったり悩んだりしている読者にも、本書が仕事とのよい関係を築くきっかけとなれば非常に嬉しいと思っている。

最後に今回、本書の翻訳の機会を与えてくださった、日経ＢＰの編集者の方々に御礼申し上げます。三田真美さん、本書の編集では大変お世話になりました。ありがとうございます。中川ヒロミさん、三田さんとのご縁をつないでいただきありがとうございます。そして読者にも。最後までお読みいただきありがとうございます。

2023年11月

訳者　大熊希美

mathilde-collin-laurent-perrin-cancer-depression-crisis.html
22 マチルド・コリン「How I Took a Week Off Work and Completely Disconnected（私が1週間仕事を休んで完全に仕事から離れた方法）」、*Front Page*、2022年5月6日、https://front.com/blog/how-i-took-a-week-off-work-and-completely-disconnected
23 クリス・コルマー「"50+ Telling Paid Time Off (PTO) Statistics [2022]（50件以上の有給休暇（PTO）の統計［2022］：米国の平均PTO）」、*Zippia*、2022年8月18日、https://www.zippia.com/advice/pto-statistics/#:~:text=After%20extensive%20research%2C%20our%20data,days%20of%20PTO%20in%202018
24 トニ・モリソン「*The Work You Do, the Person You Are*（あなたがする仕事、あなたという人）」、*New Yorker*、2017年5月29日、https://www.newyorker.com/magazine/2017/06/05/the-work-you-do-the-person-you-are
25 カート・ヴォネガットJr.「ジョー・ヘラー」（詩）、*New Yorker*、2005年5月16日
26 モリソン（前掲）

エピローグ
1 ウィリアム・デレズウィッツ「Solitude and Leadership（孤独とリーダーシップ）」、*The American Scholar*、2010年3月1日、https://theamericanscholar.org/solitude-and-leadership
2 ウィリアム・デレズウィッツ『優秀なる羊たち：米国エリート教育の失敗に学ぶ』（三省堂、2016）

9 エマ・ウェイジャー、ジャレド・オータリザ、シンシア・コックス「How Does Health Spending in the U.S. Compare to Other Countries?（米国の医療費は他の国々と比べてどうか？）」、Peterson-KFF Health System Tracker、2022年1月21日、https://www.healthsystemtracker.org/chart-collection/health-spending-u-s-compare-countries-2

10 https://www.stocktondemonstration.org

11 https://www.stocktondemonstration.org/participant-stories/zohna

12 https://www.stocktondemonstration.org

13 キム・パーカー、ジュリアナ・メナセ・ホロヴィッツ「Majority of Workers Who Quit a Job in 2021 Cite Low Pay, No Opportunities for Advancement, Feeling Disrespected（2021年に仕事を辞めた労働者の多数が低賃金、昇進の機会がない、尊重されていないと感じる）」、Pew Research Center、2022年3月9日、https://www.pewresearch.org/fact-tank/2022/03/09/majority-of-workers-who-quit-a-job-in-2021-cite-low-pay-no-opportunities-for-advancement-feeling-disrespected

14 ルシア・ムティカニ「U.S.Labor Market Very Tight, Job Openings Near Record High in January（米国の労働市場は人手不足、1月の求人は過去最高に近い）」、*Reuters*、2022年3月9日、https://www.reuters.com/world/us/us-job-openings-slip-january-still-close-record-highs-2022-03-09

15 アンドレア・ピーターセン「Metaphor of Corporate Display: 'You Work, and Then You Die,（企業を表したアート：人は働き、やがて死ぬ」、*Wall Street Journal*、1996年11月8日、https://www.wsj.com/articles/SB847408435479148500

16 「SHRM Survey: Nearly Half of U.S. Workers Feel Mentally, Physically Exhausted by End of Workday（SHRMの調査：米国の労働者のほぼ半数が、勤務終了時に精神的、身体的に疲れ果てていると感じる」、プレスリリース、SHRM、2021年5月4日、https://www.shrm.org/about-shrm/press-room/press-releases/pages/nearly-half-of-us-workers-feel-mentally-physically-exhausted-by-end-of-workday.aspx

17 ジム・ハーター「U.S. Employee Engagement Data Hold Steady in First Half of 2021（2021年前半の米国の従業員エンゲージメントデータは安定）」、*Gallup Workplace*、2021年7月29日、https://www.gallup.com/workplace/352949/employee-engagement-holds-steady-first-half-2021.aspx

18 アーロン・デ・スメット、ボニー・ダウリング、ブライアン・ハンコック、ビル・シャニンガー「The Great Attrition Is Making Hiring Harder. Are You Searching the Right Talent Pools?（大退職時代が採用を難しくしている。適切な人材プールを探しているか？）」、*McKinsey Quarterly*、2022年7月13日、https://www.mckinsey.com/business-functions/people-and-organizational-performance/our-insights/the-great-attrition-is-making-hiring-harder-are-you-searching-the-right-talent-pools

19 ルシア・ムティカニ「U.S.Labor Market Very Tight, Job Openings Near Record High in January（米国の労働市場は人手不足、1月の求人は過去最高に近い）」、*Reuters*、2022年3月9日、

20 エリック・ガートン「Employee Burnout Is a Problem with the Company, Not the Person（従業員のバーンアウトは会社の問題であり、個人の問題ではない）」、*Harvard Business Review*、2017年4月6日、https://hbr.org/2017/04/employee-burnout-is-a-problem-with-the-company-not-the-person

21 キャメロン・アルバート＝ディッチ「Hard Lessons and Simple Routines Helped These Founders Beat the Stress of 2020（2020年のストレスを克服するための厳しい教訓とシンプルなルーティン）」、*Inc.*、2020年11月、https://www.inc.com/magazine/202011/cameron-albert-deitch/front-

9 ダニエル・H・ピンク『モチベーション3.0 持続する「やる気!」をいかに引き出すか』(講談社、2010)
10 グラント・エドワード・ドネリ、チェンイー・ジェン、エミリー・ヘイズリー、マイケル・I・ノートン,「The Amount and Source of Millionaires' Wealth (Moderately) Predicts Their Happiness(富豪の富の量の出所は(ある程度)幸福度の予測に役立つ)」、*Personality and Social Psychology Bulletin* 44(5)(2018 年 5 月):684-99、https://www.hbs.edu/faculty/Pages/item.aspx?num=53540
11 ザック・ロウ「Why the Collapse of the Warriors Feels So Abrupt(ウォリアーズの崩壊がなぜ急激に感じられるのか)」、ESPN.com、2019 年 7 月 2 日、https://www.espn.com/nba/story/_/id/27100698/why-collapse-warriors-feels-abrupt
12 カレン・クロース「Seeking Answers, Michael Phelps Finds Himself(答えを求め、マイケル・フェルプスは自分自身を見つける)」、*New York Times*、2016年6月24日、https://www.nytimes.com/2016/06/26/sports/olympics/michael-phelps-swimming-rehab.html
13 C. ティ・グエン(前掲)
14「Supercharge Your Productivity(生産性を爆上げ)」、*RadReads*、https://radreads.co/courses

第 9 章
1 「WeAreAllBurntOut(私たちはみんな疲れ果てている)」、*The Cut Podcast*、2021 年 9 月 1 日、https://www.thecut.com/2021/09/the-cut-podcast-we-are-all-burned-out.html
2 ジェームズ・クリアー『ジェームズ・クリアー式 複利で伸びる1つの習慣』(パンローリング株式会社、2019)
3 アン・ヘレン・ピーターソン「Just Because Your Early Career Was Hell Doesn't Mean Others' Has to Be (初期のキャリアが地獄だったとからといって、他の人が同じ経験をする必要はない」、*Culture Study*、2021 年 6 月 1 日、https://annehelen.substack.com/p/just-because-your-early-career-was
4 ルック・パンス「Evaluation of 'Right to Disconnect' Legislation and Its Impact on Employee's Productivity (「切断する権利」の立法の評価と従業員の生産性への影響)」、*International Journal of Management and Applied Research*、5(3) (2018): 99–119, https://www.ijmar.org/v5n3/18-008.html
5 「日本は世界で最も多くの有給休暇を父親に提供しているが、ほとんどの人がそれを受け取っていない」、共同ニュース、2019 年 6 月 13 日、https://english.kyodonews.net/news/2019/06/78563c3875f3-japan-offers-most-paid-leave-for-fathers-in-world-but-few-take-it.html
6 ダナ・ホワイト、Twitter のステータス、2020 年 9 月 6 日、https://twitter.com/itsdanawhite/status/1302708081437089792
7 アンナ・ヘルホスキ「How Many Americans Have Student Loan Debt? (どれほどの米国人が学生ローンの借金を抱えているか?)」、*NerdWallet*、2021 年 5 月 20 日、https://www.nerdwallet.com/article/loans/student-loans/how-many-americans-have-student-loan-debt
8 チャック・マー、チェ・チン・ファン、アルロック・シャーマン、ブランドン・デボット「EITC and Child Tax Credit Promote Work, Reduce Poverty, and Support Children's Development, Research Finds," (EITC と子ども税額控除は、労働を促進し、貧困を減らし、子どもの発達を支援することが研究で明らかに)」、Center on Budget and Policy Priorities、2015 年 10 月 1 日、https://www.cbpp.org/research/federal-tax/eitc-and-child-tax-credit-promote-work-reduce-poverty-and-support-childrens

与えた影響)」、全米経済研究所、ワーキングペーパー 27612, 2020 年 7 月、https://www.nber.org/system/files/working_papers/w27612/w27612.pdf

11 クレア・ケイン・ミラー「Do Chance Meetings at the Office Boost Innovation? There's No Evidence of It, (オフィスでの偶然の会議はイノベーションを促進するか？　その証拠はない)」、*New York Times*、2021 年 6 月 23 日、https://www.nytimes.com/2021/06/23/upshot/remote-work-innovation-office.html

12 イーサン・S・バーンスタインとステファン・ターバン「"オープン" なワークスペースが社員の協力関係に与える影響」、Philosophical Transactions of the Royal Society B、2018 年 7 月 2 日, https://royalsocietypublishing.org/doi/10.1098/rstb.2017.0239

13 アン・ヘレン・ピーターセン「*Can't Even: How Millennials Became the Burnout Generation*（もうダメ：ミレニアル世代がどのようにして燃え尽き世代となったか)」(New York: Houghton Mifflin Harcourt, 2020), 129.

14 Tech Transparency Project、2020 年 9 月 9 日、https://www.techtransparencyproject.org/articles/fighter-jet-and-friends-congress-how-google-got-access-nasa-airfield

第 8 章

1 ウォーレン・バフェット、テリー・リーダーシップ・スピーカーシリーズ、ジョージア大学テリー・カレッジ・オブ・ビジネス、2001 年 7 月 18 日、YouTube、https://www.youtube.com/watch?v=2a9Lx9J8uSs

2 「成功指数」Populace/ Gallup, 2019、https://static1.squarespace.com/static/59153bc0e6f2e109b2a85cbc/t/5d939cc86670c5214abe4b50/1569955251457/Populace+Success+Index.pdf

3 ディビッド・ブルックス「The Moral Bucket List（倫理的なやりたいことリスト)」、*New York Times*、2015 年 4 月 11 日、https://www.nytimes.com/2015/04/12/opinion/sunday/david-brooks-the-moral-bucket-list.html

4 パオラ・ザニノット他「Socioeconomic Inequalities in Disability-free Life Expectancy in Older People from England and the United States: A Cross-national Population-Based Study（イギリスとアメリカの高齢者における障害のない寿命の社会経済的不平等:国際的な人口統計の研究)」、*The Journals of Gerontology*、シリーズ A 75(5)（2020年5月）：906-13、https://academic.oup.com/biomedgerontology/article/75/5/906/5698372

5 ロレッタ・グラツィアーノ・ブルーニング「ステータスゲーム：なぜ私たちはプレイし、どうやって止めるか」（Lanham, MD: Row- man & Littlefield, 2021)、ix.

6 C. ティ・グエン「Gamification and Value Capture（ゲーム化と価値基準の上塗り)」、第 9 章ゲーム：エージェンシーとしての芸術（New York: Oxford Academic, 2020)、オンライン版、https://doi.org/10.1093/oso/9780190052089.003.0009

7 ウェンディ・ネルソン・エスペランド、マイケル・サウダー「*Engines of Anxiety: Academic Rankings, Reputation, and Accountability*（不安のエンジン：学術ランキング、評判、および説明責任)」（New York: Russell Sage Foundation、2016)

8 マーク・R・レッパー、デイヴィッド・グリーン、リチャード・E・ニスベット「Undermining Children's Intrinsic Interest with Extrinsic Reward: A Test of the 'Overjustification' Hypothesis（外的報酬による子どもたちの内発的関心の低下：「過剰正当化」仮説のテスト)」、*Journal of Personality and Social Psychology* 28(1) (1973): 129-37、https://psycnet.apa.org/record/1974-10497-001

Behavioral Neuroscience 19 (2019): 1184-91, https://link.springer.com/article/10.3758/s13415-019-00745-9

16 ルース・アン・アッチリー、デイビッド・L・ストレイヤー、ポール・アッチリー「Creativity in the Wild: Improving Creative Reasoning Through Immersion in Natural Settings（野外での創造性：自然環境での滞在を通じて創造的な推推論力が上昇する）」、*PLoS One* 7(12) (2012): e51474, https://journals.plos.org/plosone/article?id=10.1371/journal.pone.0051474

17 エルシー・チェン「These Chinese Millennials Are 'Chilling,' and Beijing Isn't Happy（中国のミレニアル世代が『リラックスしている』ことに北京は不満を抱いている）」、*New York Times*, 2021 年 7 月 3 日, https://www.nytimes.com/2021/07/03/world/asia/china-slackers-tangping.html

18 ジョン・ペンカベル「The Productivity of Working Hours（労働時間の生産性）」、*The Economic Journal 125*, no. 589 (2015): 2052-76, http://www.jstor.org/stable/24738007

19 ガドマンダル・D・ハラルドソン、ジャック・ケラム「Going Public: Iceland's Journey to a Shorter Working Week（公に適用：アイスランドの週燈籠生の短縮の道筋）」、*Autonomy*, 2021 年 7 月 4 日, https://autonomy.work/portfolio/icelandsww

20 ガドマンダル・D・ハラルドソン、ジャック・ケラム（前掲）

第 7 章

1 ロブ・ハリス「*London's Global Office Economy: From Clerical Factory to Digital Hub*（ロンドンのグローバルオフィス経済：事務工場からデジタルハブへ）」(United Kingdom: CRC Press, 2021), 278.

2 ニール・ポストマン「*Amusing Ourselves to Death: Public Discourse in the Age of Show Business*（死を楽しむ：ショービジネス時代の公共議論）」(New York: Penguin Books, 2005), xix.

3 ニキル・サバル「*Cubed: The Secret His- tory of the Workplace*（キューブ：職場の知られざる歴史）」、(New York: Anchor Books, 2014), 68.

4 カレン・ホー「*Liquidated: An Ethnography of Wall Street*（清算済：ウォール街の民族誌）」(Durham, NC: Duke University Press, 2009), 90.

5 カル・ニューポート『超没入――メールやチャットに邪魔されない、働き方の正解』（早川書房、2022）

6 『Integrators and Segmentors: Managing Remote Workers（インテグレーターとセグメンター：リモートワーカーのマネジメント）』、Knowledge at Wharton、2020 年 8 月 31 日、https://knowledge.wharton.upenn.edu/article/integrators-segmentors-managing-remote-workers

7 アダム・グラント「WhenWorkTakes Over Your Life（仕事が人生を乗っ取る時）」、アダム・グラントとワークライフ、TED のポッドキャスト、https://www.ted.com/talks/worklife_with_adam_grant_when_work_takes_over_your_life

8 Thoughts from Inside the Box、2016 年 7 月 9 日、https://frominsidethebox.com/post/the-art-of-not-buying-things/5718532058775552

9 Thoughts from Inside the Box、2015 年 10 月 3 日、https://frominsidethebox.com/view?key=5768755258851328

10 エヴァン・デフィリピス、スティーブン・マイケル・インピンク、マディソン・シンジェル、ジェフリー・T・ポルツァー、ラファエラ・サドゥン「Collaborating during Coronavirus: The Impact of COVID-19 on the Nature of Work（コロナウイルス時の協力：COVID-19 が仕事に

NewsandMedia/TabId/2838/ArtMID/4815/ArticleID/2670/Kickstarter-United-Wins-Historic-First-Contract.aspx

第6章

1 チャールズ・ユウ『SF的な宇宙で安全に暮らすっていうこと』(早川書房、2014)

2 アラン・W・エバート、ジム・シブトルプ『*Outdoor Adventure Education: Foundations, Theory, and Research*(野外での冒険を通じた教育：基礎と理論と研究)』(Champaign, IL: Human Kinetics, 2014)、21ページ

3 リチャード・クラウス「*Recreation & Leisure in Modern Society*(現代社会におけるレジャーとレクリエーション)」(United States: Jones and Bartlett, 1998), 38.

4 ジーン・バメルとレイ・レーン・バーラス＝バメル「*Leisure and Human Behavior*(レジャーと人間行動)」(Dubuque, IA: William C. Brown, 1992)

5 「労働時間」、OECD Data (2021)、https://data.oecd.org/emp/hours-worked.htm

6 チャーリー・ジャッティーノ、エステバン・オルティス＝オスピナ、マックス・ローザー『Working Hours』、2020年版、Our World in Data、https://ourworldindata.org/working-hours

7 デレク・トンプソン「TheFree-TimeParadox in America(米国における自由時間の逆説)」、*The Atlantic*、2016年9月13日、https://www.theatlantic.com/business/archive/2016/09/the-free-time-paradox-in-america/499826

8 バレリー・ウィルソン、ジャネル・ジョーンズ「Working Harder or Finding It Harder to Work(もっと懸命に働くか、働くのが難しくなっているのか)」、Economic Policy Institute, 2018年2月22日, https://www.epi.org/publication/trends-in-work-hours-and-labor-market-disconnection

9 「Gig Economy 2021」、PwC Legal、2021, https://www.pwclegal.be/en/FY21/gig-economy-report-v3-2021.pdf

10 ジェームズ・R・ライト・ジュニア、ノーマン・S・シャカー「Necessity Is the Mother of Invention: William Stewart Halsted's Addiction and Its Influence on the Development of Residency Training in North America(必要は発明の母: ウィリアム・スチュワード・ハルステッドの中毒とそれが北米の研修トレーニングの発展に与えた影響)」、*Canadian Journal of Surgery* 63(1)(2020年2月)：E13-18, https://www.ncbi.nlm.nih.gov/pmc/articles/PMC7828946

11 ジル・レポア「Not So Fast: Scientific Management Started as a Way to Work. How Did It Become a Way of Life?(そんなに急ぐな：科学的管理は働き方の測定法として登場した。いつのまに生活を測る基準にもなったのか)」、*New Yorker*、2009年10月12日、https://www.newyorker.com/magazine/2009/10/12/not-so-fast

12 ブルーノ・デュビュク「TheOrganization of Manual Labour(手作業の組織)」、The Brain from Top to Bottom、日付不明, https://thebrain.mcgill.ca/flash/i/i_06/i_06_s/i_06_s_mou/i_06_s_mou.html

13 ジョディ・カンター、アリア・サンダラム「The Rise of the Worker Productivity Score(労働者の"生産性スコア"の台頭)」、*New York Times*、2022年8月14日、https://www.nytimes.com/interactive/2022/08/14/business/worker-productivity-tracking.html

14 ジョディ・カンター、アリア・サンダラム(前掲)

15 レベッカ・J・コンプトン、ディラン・ギアリンガー、ハンナ・ワイルド「The Wandering Mind Oscillates: EEG Alpha Power Is Enhanced during Moments of Mind-Wandering(夢想する脳は振動する：脳電図で測定するアルファ波は夢想中に強化される)」、*Cognitive, Affective, &*

になりました」、*Kickstarter Blog*、2015 年 9 月 21 日、https://www.kickstarter.com/blog/kickstarter-is-now-a-benefit-corporation。

4 アスツー文化マニフェスト、https://assets.ctfassets.net/gw5wr8vzz44g/55QKJCqQTuqgWc4ocuIYmC/077ef0db4e38ca19651ae26264f041ea/ustwo-manifesto.pdf

5 ジョディー・コーナー「“Salesforce コミュニティ” が意味するところ」、*The 360 Blog*、2017 年 2 月 6 日、https://www.salesforce.com/blog/what-is-salesforce-ohana

6 トム・ラス、ジム・ハーター「友人とあなたの社会的な幸福の関係」、*Gallup Business Journal*、2010 年 8 月 19 日、https://news.gallup.com/businessjournal/127043/friends-social-wellbeing.aspx

7 エマ・セパラ、マリッサ・キング「同僚でもある友人は厄介だけど、つくる価値はある」、*Harvard Business Review*、2017 年 8 月 8 日、https://hbr.org/2017/08/having-work-friends-can-be-tricky-but-its-worth-it

8 「職場の包括性への投資」、BetterUp、https://grow.betterup.com/resources/the-value-of-belonging-at-work-the-business-case-for-investing-in-workplace-inclusion-event

9 ジュリアナ・ピレマー、ナンシー・P・ロスバード「利益のない友人：職場の友人関係の暗い面を理解する」、*The Academy of Management Review* 43(4)（2018 年 2 月）

10 「なぜ不正行為が報告されないのか」、*Journal of Business Ethics* 173(2021): 325-44

11 デイビー・アルバ「はじめに創業者がいた」、*BuzzFeed News*、2018 年 4 月 17 日、https://www.buzzfeednews.com/article/daveyalba/kickstarter-perry-chen-founder-worship-turmoil

12 Always Punch Nazis、Kickstarter、https://www.kickstarter.com/projects/pilotstudios/always-punch-nazis

13 チャーリー・ナッシュ「Kickstarter は “Always Punch Nazis” プロジェクトでサービスの利用規約を無視した」、*Breitbart*、2018 年 8 月 10 日、https://www.breitbart.com/tech/2018/08/10/kickstarter-ignores-terms-of-service-with-always-punch-nazis-project

14 「Kickstarter Union Oral History、第 2 章：触媒」、Engelberg Center、NYU Law、https://eclive.engelberg.center/episodes/chapter-2-catalyst

15 「Kickstarter Union Oral History、第 2 章：触媒」

16 「労働組合員の要約」、米国労働統計局経済ニュースリリース、2022 年 1 月 20 日、https://www.bls.gov/news.release/union2.nr0.htm

17 「Kickstarter Union Oral History、第 3 章：連帯」、Engelberg Center、NYU Law、https://eclive.engelberg.center/episodes/chapter-3-solidarity

18 ブライス・コバート「Kickstarter の従業員が組合を形成した方法」、*Wired*、2020 年 5 月 27 日、https://www.wired.com/story/how-kickstarter-employees-formed-union

19 ブライアン・メネガス「リークされたメモは Kickstarter の上級スタッフが同僚の組合活動に反対していることを示している」、*Gizmodo*、2019 年 3 月 21 日、https://gizmodo.com/leaked-memo-shows-kickstarter-senior-staffers-are-pushi-1833470597

20 ビジャン・ステファン「Kickstarter は従業員の組合は積極的に認識しない」、*The Verge*、2019 年 5 月 15 日、https://www.theverge.com/2019/5/15/18627052/kickstarter-union-nlrb-election

21 クラリッサ・レッドワイン、Twitter、2019 年 9 月 12 日、https://twitter.com/clarissaredwine/status/1172167251623124997

22 OPEIU Webmaster「Kickstarter United が歴史的な契約を勝ち取る」、Office & Professional Employees International Union (OPEIU)、2022 年 6 月 17 日、https://www.opeiu.org/Home/

民に自宅待機を命じた)」、NorthJersey.com、2020年3月21日、https://www.northjersey.com/story/news/coronavirus/2020/03/21/coronavirus-nj-shutdown-murphy-closes-nonessential-businesses/2884153001

第4章

1 「7つの質問、75人のアーティスト、災難な年」、*New York Times*、2021年3月10日、https://www.nytimes.com/interactive/2021/03/10/arts/artists-coronavirus-lockdown.html
2 マシュー・イー「ヤング・バークレー・ジャーナリストが早くに地主のスキャンダルを暴いた」、*SFGate*、2000年1月21日、https://www.sfgate.com/news/article/Young-Berkeley-journalists-broke-landlord-story-3270219.php
3 メーガン・グリーンウェル、*Longform* podcast #302: 1:06、https://longform.org/player/longform-podcast-302-megan-greenwell
4 グリーンウェル(前掲)
5 ローラ・ワグナー「G/Oメディアでいま起きていること」*Deadspin*、2019年8月2日、https://deadspin.com/this-is-how-things-work-now-at-g-o-media-1836908201
6 メーガン・グリーンウェル「部屋の大人たち」*Deadspin*、2019年8月23日、https://deadspin.com/the-adults-in-the-room-1837487584
7 エリク・H・エリクソン『幼児期と社会』(みすず書房、1977)
8 アーサー・C・ブルックス「なぜ多くの人々が退職してから不幸になるのか」*Atlantic*、2020年5月7日、https://www.theatlantic.com/family/archive/2020/05/what-the-heros-journey-teaches-about-happy-retirement/611194
9 カール・マルクス「Estranged Labour(切り離された労働)」1844年の経済哲学の手稿にて、https://www.marxists.org/archive/marx/works/1844/manuscripts/labour.htm
10 ビビック・マーシー「Work and the Loneliness Epidemic(仕事と孤独の流行)」*Harvard Business Review*、2017年9月26日、https://hbr.org/2017/09/work-and-the-loneliness-epidemic
11 アイリーナ・V・ポポバ=ノワック「仕事のアイデンティティと仕事へのエンゲージメント」ワーキングペーパー、ジョージ・ワシントン大学、2010、https://www.ufhrd.co.uk/wordpress/wp-content/uploads/2010/08/9_5.pdf
12 「空間自体の最適化についてWeWorkのアダム・ニューマンと語る、Disrupt NY 2017」YouTube、https://www.youtube.com/watch?v=-EKOV71m-PY
13 アブラハム・ヨシュア・ヘッシェル、The Sabbath (New York: FSG Classics, 2005)、xiii
14 『アルコホーリクス・アノニマス:アルコール依存症から回復した人々の物語、第3改訂版』(New York: Alcoholics Anonymous World Services, Inc., 1976)

第5章

1 「今週の仕事に関する言葉 トーマス・ドナヒュー」、NC State AFL-CIO、2008年4月17日、https://aflcionc.org/quote-donahue-thomas
2 スチュアート・ドレッジ「Kickstarter on Public Good over Private Riches: 'Don't Sell Out Your Values、(Kickstarterが公益を私的富に選ぶ"価値観を犠牲にしないで")」、*Guardian*、2015年11月3日、https://www.theguardian.com/technology/2015/nov/03/kickstarter-chooses-public-good-over-private-riches
3 ヤンシー・ストリックラー、ペリー・チェン、チャールズ・アドラー「KickstarterはB Corp

most-us-workers-real-wages-have-barely-budged-for-decades
15 「America's Changing Work Ethic（米国の労働倫理における変化）」、*CQ Researcher*、1979年12月14日、https://library.cqpress.com/cqresearcher/document.php?id=cqresrre1979121400
16 ロビン・カイザー・シャッツライン「Why Your Boss Wants You to Love Your Job（上司があなたに仕事を愛しほしがる理由）」*The Nation*、2020年9月9日、https://www.thenation.com/article/culture/jamie-mccallum-worked-over-review
17 ショーン・アコー、アンドリュー・リース、ガブリエラ・ローゼン・フィッシャーマン、アレクシ・ロビショー「9 Out of 10 People Are Willing to Earn Less Money to Do More-Meaningful Work（10人中9人が意義ある仕事のためなら給料は減ってもいいと思っている」*Harvard Business Review*、2018年11月6日、https://hbr.org/2018/11/9-out-of-10-people-are-willing-to-earn-less-money-to-do-more-meaningful-work
18 サラ・ジャッフェ「*Work Won't Love You Back: How Devotion to Our Jobs Keeps Us Exploited, Exhausted, and Alone*（仕事はあなたを愛し返さない：仕事への献身が搾取、疲労、孤独を促進している）」(London: Hurst, 2021), 2.
19 フォバジ・エター「職業的畏怖と図書館学: 我々が自分自身について語る嘘」、In the Library with the Lead Pipe、2018年1月10日、https://www.inthelibrarywiththeleadpipe.org/2018/vocational-awe
20 「米国の動物園飼育員の給与」、*Indeed*、https://www.indeed.com/career/zookeeper/salaries
21 ジェフリー・A・トンプソンとJ・スチュアート・バンダーソン「野性の呼び声：動物園の飼育員、天職、非常に意味のある仕事の両刃の剣」、*Administrative Science Quarterly* 54(1) (2009): 32–57.
22 アン・ヘレン・ピーターソン「*Can't Even: How Millennials Became the Burnout Generation*（もうダメ：ミレニアル世代がどのようにして燃え尽き世代となったか）」(Boston and New York: Mariner Books, 2021), 68.
23 ジル・レポア「What's Wrong with the Way We Work（この働き方の何が間違っているのか）」、*New Yorker*、2021年1月18日、https://www.newyorker.com/magazine/2021/01/18/whats-wrong-with-the-way-we-work
24 レイチェル・アブラムス、"On Wall Street, a Generation Gap on Work-Life Issues（ウォール街における、ワークライフ問題に関する世代間のギャップ」、New York Times、2014年1月15日、https://www.newyorker.com/magazine/2021/01/18/whats-wrong-with-the-way-we-work
25 「Median Earnings for Women in 2021 Were 83.1 Percent of the Median for Men（2021年の女性の中央値の収入は男性の中央値の83.1パーセント）、TED: The Economics Daily, U.S. Bureau of Labor Statistics、2022年1月24日、https://www.bls.gov/opub/ted/2022/median-earnings-for-women-in-2021-were-83-1-percent-of-the-median-for-men.htm
26 ブランディ・テンプルとジャスミン・タッカー、「Workplace Justice: Equal Pay for Black Women（公平な職場：黒人女性に平等な賃金を）」、National Women's Law Center Fact Sheet、2017年7月、https://nwlc.org/wp-content/uploads/2017/07/Equal-Pay-for-Black-Women.pdf
27 ピーターソン（前掲）69ページ
28 エイミー・ディーゲルマン、Twitterの投稿、2020年3月18日、https://twitter.com/amydieg/status/1240410269970563072
29 アシュリー・バルセラク「NJ Coronavirus: Murphy Closes Nonessential Retail Businesses, Tells Residents to Stay Home（NJコロナウイルス：マーフィーは不要不急の小売業を閉鎖し、住

21 エイミー・ヴレズニエスキ、ニコラス・ロブリオ、ジェーン・ダットン、ジャスティン・バーグ「Job Crafting and Cultivating Positive Meaning and Identity in Work（仕事の設計と、肯定的な意味付け、職業におけるアイデンティティの醸成）」*Advances in Positive Organizational Psychology*, ed. A. B. Bakker (Bingley, UK: Emerald Group Publishing Limited, 2013), 281–302.

22 R. M. ライアン、E. L. デシ「Self-Determination Theory and the Facilitation of Intrinsic Motivation, Social Development, and Well-Being（自己決定理論と内発的動機づけ、社会的発展、そして幸福感の促進）」*American Psychologist* 55 (2000): 68–78.

第3章

1 ケイシー・ハミルトン「WorkIsforJerks（仕事は役立たずのためのもの）」TikTok、https://www.tiktok.com/@mrhamilton/video/6847892192422382853

2 ポール・ヴィテロ「リチャード・ボールズ、90歳で亡くなる。『パラシュート』——世界最強の就職マニュアル』を執筆」*New York Times*、2017年4月1日、https://www.nytimes.com/2017/04/01/business/richard-bolles -dead-what-color-is-your-parachute.html

3 リチャード・N・ボールズ『パラシュート——世界最強の就職マニュアル』（実日ビジネス、1994）

4 カル・ニューポート『今いる場所で突き抜けろ！——強みに気づいて自由に働く4つのルール』（ダイヤモンド社、2017）

5 Google Books「夢の仕事」、https://books.google.com/ngrams/graph?content=dream+job&year_start=1920&year_end=2019&corpus=26&smoothing=3

6 トンプソン（前掲）

7 スティーブ・ジョブズ、スタンフォード大学の卒業講演、2005年6月12日、https://news.stanford.edu/2005/06/14/jobs-06150

8 アダム・J・カーツ、「Work/Life Balance」、https://adamjk.com/products/do-what-you-love-print

9 「The Library Quarterly: Information, Community, Policy（ライブラリー・クォータリー：情報、コミュニティ、ポリシー）」1(1) (Chicago: University of Chicago Press, January2001): 1–27.

10 米労働省労働統計局「Occupational Outlook Handbook（職業別展望ハンドブック）、2021、https://www.bls.gov/ooh/education-training-and-library/librarians.htm

11 AFL-CIO Department for Professional Employees, “Library Professionals: Facts & Figures, 2021 Fact Sheet”, https://www.dpeaflcio.org/factsheets/library-professionals-facts-and-figures

12 ジェイミー・K・マッカラム、「*Worked Over: How Round-the-Clock Work Is Killing the American Dream*（働き過ぎ：いかに長時間労働がアメリカンドリームを壊しているか）」(New York: Basic Books, 2020）の表を延長、https://books.google.com/ngrams/graph?content=meaningful+work&year_start=1800&year_end=2019&corpus=26&smoothing=3&direct_url=t1%3B%2Cmeaningful%20work%3B%2Cc0#

13 「Wage Chronology: Ford Motor Company, June 1941 to September 1973（1941年6月から1973年9月における米労働省労働統計局による統計）」No. 1787 (1973)、https://fraser.stlouisfed.org/title/wage-chronology-ford-motor-company-june-1941-september-1973-4882/wage-chronology-ford-motor-company-june-1941-september-1973-499659/fulltext

14 ドリュー・デシルバー「For Most U.S. Workers, Real Wages Have Barely Budged in Decades（ほとんどの米国労働者にとって、過去数十年で実質賃金はほとんど上昇していない）」ピュー・リサーチ・センター、2018年8月7日、https://www.pewresearch.org/fact-tank/2018/08/07/for-

abs/10.1111/joop.12064

第2章

1 ディビッド・フォスター・ウォレス「This Is Water（これは水です）」ケニオン大学卒業生への演説, 2005, https://www.youtube.com/watch?v=PhhC_N6Bm_s

2 ライアン・P・バージ「*The Nones: Where They Came From, Who They Are, and Where They Are Going*（ノンズ：彼らは何者でどこから来て、どこに向かうのか」（Minneapolis: Fortress Press, 2021年）, 82.

3 バージ, *The Nones*, 2.

4 バージ, *The Nones*, 134.

5 ハンナ・アーレント『人間の条件』（筑摩書房、1994）

6 https://www.theschooloflife.com/article-themes/meaning

7 マックス・ヴェーバー『プロテスタンティズムの倫理と資本主義の精神』（岩波文庫、1989）

8 J. マシュー・ウィルソン編「From Pews to Polling Places: Faith and Politics in the American Religious Mosaic（礼拝席から投票所へ：米国の宗教における信仰と政治）」（Washington, DC: Georgetown University Press, 2007）, 141.

9 ジョエル・オースティーン「Have a Spirit of Excellence（最高を目指す心意気）」ジョエル・オースティーンのポッドキャスト、2020年11月17日、https://www.happyscribe.com/public/joel-osteen-podcast/have-a-spirit-of-excellence-joel-osteen

10 ジョエル・オースティーン『あなたはできる 運命が変わる7つのステップ』（PHP研究所、2006）

11 ライアン・P・バージによるGeneral Social Surveyデータの分析、イースタン・イリノイ大学、2021年

12 https://www.reddit.com/r/atheism

13 https://www.reddit.com/r/Christianity

14 クライド・ハーバーマン「Religion and Right-Wing Politics: How Evangelicals Reshaped Elections（宗教と保守派：福音主義が選挙を変えた）」*New York Times*、2018年10月28日、https://www.nytimes.com/2018/10/28/us/religion-politics-evangelicals.html

15 ランダール・E・キング「When Worlds Collide: Politics, Religion, and Media at the 1970 East Tennessee Billy Graham Crusade（「世界の衝突：1970年イーストテネシーのビリー・グラハム大集会での政治、宗教、メディア」*Journal of Church and State*、1997年3月22日

16 ライアン・バージ、Twitterの投稿、2022年7月14日、https://twitter.com/ryanburge/status/1547611343598981122?s=20&t=fyy7Dl_bcPRDx2HtXVLOaQ

17 ロバート・D・パットナム『孤独なボウリング―米国コミュニティの崩壊と再生』（柏書房、2006）

18 ウィル・ターナー、フィヨラ・クラスニキ、ジェームズ・ブラグデン「Age of Alienation: The Collapse of Community and Belonging Among Young People, and How We Should Respond（孤立の時代：若者のコミュニティと帰属感の崩壊、そしてそれにどう対応すべきか）」（UK: Onward, 2021）、https://www.ukonward.com/wp-content/uploads/2021/09/Age-of-Alienation-Onward.pdf

19 トンプソン（前掲）

20 ウォレス（前掲）

13 https://data.oecd.org/emp/hours-worked.htm

14 ジル・レポア「What's Wrong with the Way We Work（人々の働き方の何が問題か」*The New Yorker*、2021年1月18日、https://www.newyorker.com/magazine/2021/01/18/whats-wrong-with-the-way-we-work

15 サラ・ジャフェ「*Work Won't Love You Back: How Devotion to Our Jobs Keeps Us Exploited, Exhausted, and Alone*」(London: Hurst, 2021), 12.

16 ジェイミー・K・マッカラム「*Worked Over: How Round-the-Clock Work Is Killing the American Dream*（働き過ぎ：いかに長時間労働がアメリカンドリームを壊しているか）」(NewYork: Basic Books, 2020), 131.

17 ロバート・J・ヴァレラン、フレデリック・L・フィリップ、ジュリー・シャレスト、イヴァン・パケット「On the Role of Passion for Work in Burnout: A Process Model（燃え尽き症候群に仕事への情熱の関係について：プロセスモデル）」*Journal of Personality* 78(1)（2010年2月）: 289-312.

18 ライマン・ストーン、ローリー・デローズ、W. ブラッドフォード・ウィルコックス「How to Fix the Baby Bust（低い出生率を直す方法）」*Foreign Policy*, 2019年7月25日、https://foreignpolicy.com/2019/07/25/how-to-fix-the-baby-bust

19 ジーン・M・トウェンジ「Time Period and Birth Cohort Differences in Depressive Symptoms in the U.S.（米国における抑うつ症状の時期と出生コーホートの差）1982–2013年、*Social Indicators Research* 121(2)（2014年4月）

20 クリスティン・ロー「How Overwork Is Lit- erally Killing Us（働き過ぎが文字通り私たちを殺している）」*BBC Worklife*, 2021年5月19日、https://www.bbc.com/worklife/article/20210518-how-overwork-is-literally-killing-us

21 アニー・ディラード『本を書く』（パピルス、1996）

22 エステル・ペレル「How Many of You Often Find Yourselves Bringing the Best of You to Work, and the Leftovers Home?（皆さんの中に、自身の最も良い部分を仕事で使い、家に持ち帰るのはあまり物ばかりであると感じている人はいるでしょうか？）」Out in the Open, *CBC Radio*, 2018年、https://www.cbc.ca/player/play/1443267139554

23 スタッズ・ターケル『仕事（ワーキング）！』（晶文社、1983）

第1章

1 ブレネー・ブラウン『「ネガティブな感情」の魔法――「悩み」や「不安」を希望に変える10の方法』（三笠書房、2013）

2 P.W. リンビル「自己複雑性がストレス関連疾患と抑うつに対する認知的緩衝となる」*Journal of Personality and Social Psychology* 52(4)（1987年4月）: 663–76, https://pubmed.ncbi.nlm.nih.gov/3572732

3 ESPN.com, 2012年5月3日 https://www.espn.com/nfl/story/_/id/7888037/san-diego-county-medical-examiner-office-rules-junior-seau-death-suicide

4 ケビン・J・エッシュルマン、ジェイミー・マドセン、ジーン・アラーコン、アレックス・バレルカ「Benefiting from Creative Activ- ity: The Positive Relationships between Creative Activity, Recovery Experiences, and Performance-Related Outcomes（創造的活動の利益：創造的活動、回復、パフォーマンス関連の成果との肯定的な関係）」*Journal of Occupational and Organizational Psychology* 87(3)（2014年9月）: 579–98, https://bpspsychub.onlinelibrary.wiley.com/doi/

参考文献

P9

Lao Tsu Laozi, Jane English, and Gia-fu Feng, Tao Te Ching, trans. Gia-fu Feng and Jane English (New York: Vintage Books, 1972), 32.

プロローグ

1 ハインリヒ・ベル「Anekdote zur Senkung der Arbeitsmoral」(生産性の低下に関する逸話)から

2 トラビス・ミッチェル「Where Americans Find Meaning in Life(米国人が意味を見出す活動)」ピュー・リサーチ・センター宗教と社会生活プロジェクト、2018年11月20日、https://www.pewresearch.org/religion/2018/11/20/where-americans-find-meaning-in-life

3 パトリック・バン・ケッセル、ローラ・シルバー「Where Americans Find Meaning in Life Has Changed over the Past Four Years(米国人が意味を見出す活動がこの4年間における変化について)」ピュー・リサーチ・センター、2021年11月18日 https://www.pewresearch.org/fact-tank/2021/11/18/where-americans-find-meaning-in-life-has-changed-over-the-past-four-years

4 ジュリアナ・メナスク・ホロウィッツ、ニッキ・グラフ「Most U.S. Teens See Anxiety and Depression as a Major Problem Among Their Peers(多くの米国の10代若者は、同世代で不安と鬱が大きな問題であると認識)」ピュー・リサーチ・センターの社会と年齢層別トレンドに関するプロジェクト、2019年2月20日、https://www.pewresearch.org/social-trends/2019/02/20/most-u-s-teens-see-anxiety-and-depression-as-a-major-problem-among-their-peers

5 ロバート・ホーハート「Exporting the American Dream: Global Implications(アメリカンドリームの海外輸出が世界に与える影響)」*International Journal of the Humanities*, no. 9, 2011, 1–11

6 デレク・トンプソン「Workism Is Making Americans Miserable(ワーキズムが米国人を不幸にする)」*The Atlantic*、2019年2月24日 https://www.theatlantic.com/ideas/archive/2019/02/religion-workism-making-americans-miserable/583441

7 The School of Life Library,「*A Job to Love: A Practical Guide to Finding Fulfilling Work by Better Understanding Yourself*(愛する仕事:自分を深く理解し、満足できる仕事を見つける実践的なガイド)」(London: The School of Life, 2018), 9.

8 トンプソン(前掲)

9 パトリック・バン・ケッセル、クリスティン・ホアン、ローラ・クランシー、スネハ・グバラ「What Makes Life Meaningful? Views from 17 Advanced Economies(有意義な人生をつくるものは何か? 17の先進的な経済からの視点)」2021年11月18日 https://www.pewresearch.org/global/2021/11/18/what-makes-life-meaningful-views-from-17-advanced-economies

10 ジョン・メイナード・ケインズ「Economic Possibilities for Our Grandchildren(わが孫たちの経済的可能性)」*Essays in Persuasion* (New York: W. W. Norton & Co., 1963), 358-73, http://www.econ.yale.edu/smith/econ116a/keynes1.pdf.

11 デイビッド・ザール「*Seculosity: How Career, Parenting, Technology, Food, Politics, and Romance Became Our New Religion and What to Do About It*(セキュロシティ)」(Minneapolis: Fortress Press, 2019), 87.

12 チャーリー・ジアティー、エステバン・オルティス・オスピナ、マックス・ローザー「Working Hours(労働時間)」OurWorldinData.org, 2020年, https://ourworldindata.org/working-hours

著 者

シモーヌ・ストルゾフ Simone Stolzoff

ジャーナリスト、デザイナー兼働き方研究者
ペンシルベニア大学卒業、スタンフォード大学大学院でジャーナリズムを学ぶ。IDEOの元デザインリード。「ニューヨーク・タイムズ」「ワシントン・ポスト」「ウォール・ストリート・ジャーナル」「アトランティック」、その他多くの媒体で記事を執筆してきた。サンフランシスコ在住。

訳 者

大熊希美 Nozomi Okuma

東京都生まれ。カナダとオーストラリアに計12年間在住。上智大学総合人間科学部心理学科卒業後、金融業を経てスタートアップへ。テクノロジーメディア「TechCrunch Japan」の元編集ライター。訳書に『爆速成長マネジメント』『モダンエルダー』『KISS ジーン・シモンズのミー・インク』(共訳、日経BP)、『NEVER LOST AGAIN グーグルマップ誕生』(TAC出版)など。

静かな働き方

「ほどよい」仕事でじぶん時間を取り戻す

2023年12月15日　1版1刷

著　　者	シモーヌ・ストルゾフ
訳　　者	大熊希美
発 行 者	國分正哉
発　　行	株式会社日経BP 日本経済新聞出版
発　　売	株式会社日経BPマーケティング 〒105-8308　東京都港区虎ノ門4-3-12
装丁・本文デザイン	三森健太(JUNGLE)
組　　版	株式会社キャップス
印刷・製本	中央精版印刷株式会社

ISBN 978-4-296-11884-7